JN124992

はじめに

日本は少子高齢化社会が始まり、人口減少による経済・社会的諸問題にどう対応するかがいろいろな角度から検討されている。経済的に衰退する可能性に対し活性化が必要である観光（あるいは観光産業）も交流人口の拡大を図り地域を活性化する一つの重要な政策として重視されている。2008年には国土交通省の外局として「観光庁」が設置され、国内旅行、国際旅行を問わず交流人口の増大を促進している。

また、2010年6月には、政府は「新成長戦略－「元気な日本」復活のシナリオ－」を閣議決定し、発表した（日本政府［2010］)。『日本の強みを生かす成長分野』として、①「環境・エネルギー」、②「健康（医療・介護)」、『フロンティアの開拓による成長』として、③「アジア経済」、④「観光立国・地域活性化」、そして『成長を支えるプラットフォーム』として、⑤「科学・技術・情報通信立国」、⑥「雇用・人材」、⑦「金融」の7つを挙げ、これらの7つの柱の需要創出に、これからの日本の成長を期待したのである。そのなかで、「健康」分野で2020年までに新規市場50兆円、新規雇用284万人、「観光」で同じく11兆円、56万人を創出するとしている。

現在、海外では「メディカル・ツーリズム（日本では「医療観光」と呼ばれる)」が、特にアジアで勃興しており、いくつかの国では成長産業の一角を占めるまでになってきている。メディカル・ツーリストの数は、2008年の時点で、世界で500万人とも600万人ともいわれ、潜在的患者数については、数年後には中国では150万人、インドで60万人に達するといわれている（市川［2010］)。このようなメディカル・ツーリストが発生する理由は、医療には、①コスト、②アクセス、③質、の3つの要素があり、いずれかが欠けた場合に、患者が潜在的にメディカル・ツーリストになることを明らかにして、さらにその発展の背景とともに現状を把握している（真野［2009］)。

植村［2010］によると、我が国における医療観光の潜在的需要としては、①よりよい品質の検診・健診を求める新興国富裕層、②最先端の医療技術を求める世界の患者、③低コストの医療を求める米国などの先進国の患者、などがあると想定される。このような潜在需要を、一定の仮定を置いて試算すると、我が国に渡航する医療ツーリストとして、2020年時点で年間43万人程度の需要が潜在的にあるとみられ、潜在需要が実現した場合の医療観光（観光を含む）の市場規模は約5500億円、経済波及効果は約2800億円と試算されるとしている。

しかし、現実的には、メディカル・ツーリズムの本格的な取り組みは日本では難しいと言わざるを得ないが、メディカル・ツーリズムにおいては日本の優位性を示すことができる分野も多く存在する。例えば、①検診・健診の内容、②医療機器の質と量、③先端・先進医療の技術、などである。特に、先進医療の中でも、粒子線治療は世界の最先端を行っており、QOLを重視したきわめてすぐれた分野である。しかし、なぜ、日本ではメディカル・ツーリズムの推進やそれによる地域活性化が難しいのか。その理由は、①言語問題、②責任分担問題、③情報発信、④医療ビザ、⑤国際医療機関認定の取得、⑥国民への説明と日本医師会のスタンス、⑦病床規制、など多く存在し、日本におけるメディカル・ツーリズムの推進は時間がかかると思われる。なかでも、現場をつかさどる日本医師会のスタンスが全体的に保守的とみられ、完全なメディカル・ツーリズムの実現については日本の保険医療制度の立場から医師の個別の動きはあっても、全体としては反対を唱えている。

したがって、日本では「メディカル・ツーリズム」を含む広義の「ヘルス・ツーリズム」の可能性を検討すべきである。現実問題として、日本では旅館数が年々減少し、温泉地や観光地が寂れている。日本には「温泉」、「湯治」という保養や療養、あるいは一部医療として昔から使われてきた観光施設の伝統があるにもかかわらず、それらはまだ、旅館の再生や温泉地の活性化に大きく役立ってない。そういう状況の中で、政府の観光立国推進会議で提唱された「ニューツーリズム」の一つで、国策として力を入れる健康・医療にもかかわる「ヘルス・ツーリズム」を通して、地域活性化を達成できることを明らかにしたい。このヘルス・ツーリズムには2つの要素がある。

まず一つ目は、増大する国民医療費の社会的負担を抑制するために、従来の早期診断・治療だけではなく、「未病」（健康維持・増進、疾病予防）という取り組みが重要になってきているという点である。経済産業省［2003］によると「今後、国民の健康増進活動等の促進によって約4兆円の医療費が抑制される」という医療費抑制効果の試算が出ている。

そして二つ目に、特に期待されていることは、ヘルス・ツーリズムは新たな観光振興の切り口を提供することで地域振興やまちづくりに貢献することである。また、実施地域においては連泊滞在日数の増加による観光産業の振興、多様な地域資源の利用による地場産業の振興、医療施設の充実など地域経済の活性化とともに、「住んでよし訪れてよしのまちづくり」にもつながることが期待されている。

日本観光協会［2010］によると、「ヘルス・ツーリズム」には、“医療的な要素”と“楽しみの要素”が入っており、この両者のバランスが取れないと成立しない。健康のサービス要素と観光のサービス要素が含まれるため、“楽しみの要素”がなければ、単に遠くまで治療に行くことになる。また、“医療的要素”が入らなければ、通常の観光と違いがなくなる。いいかえると、ヘルス・ツーリズムと通常の観光との境目がこの点にある。つまり、ヘルス・ツーリズムと称する場合は、事業者あるいは主催者が医学的に健康回復・維持・増進につながる要素が含まれる根拠を説明することができなければならない。これをエビデンスベースという。つまりヘルス・ツーリズムの本質的要素は次のようになる。

①医学的根拠に基づく健康回復・維持・増進につながる活動である。
②ヘルス・ツーリズムは、自己の自由裁量時間を有する活動である。
③日常生活圏を離れて、非日常的な体験をして必ず居住地に戻ってくる活動である。
④主として特定地域に滞在する活動である。
⑤楽しみの要素があり、気晴らし、保養、自己開発の各要素を選択できる活動である。

また、日本観光協会［2010］によれば、ヘルス・ツーリズムを“医療的な要素”と“楽しみの要素”の２つの軸で整理すると、「療養」「診断・疾病予防」「健康増進」「レジャー」となり、さらに広義のヘルス・ツーリズムには「手術・治療」も含まれる。これはメディカル・ツーリズムの概念と重なる。

最近の新しい枠組みとして、Smith［2008］によると、ヘルス・ツーリズムは大きく分けて「ウェルネス」と「メディカル」という２つの要素で構成されているとしている。つまり、「旅行者が病気である」か、「そうでない」かで大きく分けることができる。彼の分類によると、急性期の手術を伴う場合例えば、手術を受けるために遠くへ行くことや待ち時間を減らすためにアジア等の外国へ行くことが「メディカル」に当てはまる。「手術や外科的治療を伴わない療法」と「リハビリ」も「メディカル」に属する。

旅行者が病気でない場合のツーリズムは、その目的がさらなる心身の健康増進を求めるという趣旨から、「ウェルネスツーリズム」と称され、「メディカル・ツーリズム」と並列して「ヘルス・ツーリズム」を構成すると考えられる。

「ウェルネス」という概念について、光武［2010］は、「メディカル・ツーリズムと同様にヘルス・ツーリズムを構成するウェルネスツーリズムは、メディカル・ツーリズムと異なり、積極的な病気治療・療法を目指しての旅ではなく、ヘルスケア／ウェルネスを目的とし、そのためにスパ・サービスを求めての旅行と位置付けられる」と述べている。

「診断・疾病予防（未病）」に関しては、旅行者が病気ではないが、健康増進というよりは病気を意識したものであり、PET 検診や人間ドックなどは専門家によって行われる。そのため、「メディカル」と「ウェルネス」の両方の要素を含んでいるととらえることができる。

本書は、ヘルス・ツーリズムにかかわりが深く、国民にも長年利用されてきている温泉地あるいはそこにある旅館を拠点として、ヘルス・ツーリズムがどのように観光地域の活性化に効果をもたらす可能性があるかを、観光や旅館・温泉観光地の現状を踏まえて明らかにすることを目的とする。

ヘルス・ツーリズムは、交流人口の増大につながるだけではなく、外国人観光客の誘致、すなわち今求められている「インバウンドツーリズム」にもつなげることができる可能性がある。本書では日本特有の文化と言うべき温泉や旅館が厳しい状況に置かれているため、ヘルス・ツーリズムでその状況をどうすれば転換できるか、そして経営上どうなるかも研究する。つまり、ヘルス／メディカル・ツーリズムが旅館や温泉地の再生をいかに成し遂げて、地域活性化に貢献できるか明らかにする。たとえば天草の事例は、旅館の宿泊というソフトに限らずウォーキングという要素を取り入れ、その拠点となることで新しい魅力を提供している。宿泊という概念だけではなく、人と人とのふれあいを健康に関わるツーリズムを通して実践しているといえる。

また、付加価値をつけることで業態変換したタイにおける「スパ」に学ぶところがあることも明らかにする。タイの観光においては「タイ・マッサージ」から

「スパ」への業態転換過程で、付加価値をつけることにより産業としても成立している点にも注目した。歴史的背景や国民に愛されている点では「タイ・マッサージ」に匹敵する日本の「温泉」を如何に活用できるかを、タイ・マッサージが業態転換を遂げ「スパ」としてスパ産業を支えている経緯も学びながら、温泉そのものや、旅館が高付加価値化をするためにどうすべきか、それをすることで持続可能な取り組みに結び付けることができることを示したい。

具体的には、

第Ⅰ章では、観光の定義や観光と健康のかかわりについて考え方を含めて述べる。

第Ⅱ章では、ヘルス・ツーリズムとはなにかについてその定義や概観について詳しく触れる。

第Ⅲ章では、メディカル・ツーリズムについて述べる。世界的に推進されているメディカル・ツーリズムとは何か。その現状をアジアでの勃興の中心地にあるタイと発展途上にある韓国について述べる。

第Ⅳ章では、第Ⅲ章で述べたタイのメディカル・ツーリズムを支えたスパの高付加価値化について、スパの歴史や産業としての位置付けや特徴から学ぶべきものについて考えた。

第Ⅴ章では、旅館と温泉地の現状を述べる。旅館数が減少している現状や温泉地が衰退している状況を旅館の財務諸表から分析し、特に小旅館が置かれている厳しい状況を解決するには何が必要かを考える。

第Ⅵ章では、日本の観光地、温泉地、旅館が生き残るためにはどうすればよいのかについて、日本人の観光に対する考え方や旅行形態の変化、さらに健康に関わるツーリズムの登場について述べる。また、日本のヘルス・ツーリズム分類論を述べる。特に西日本におけるヘルス・ツーリズムの状況を把握し、さらにその中のタラソテラピー施設や温浴施設の事例から観光地としての進化の方向を見定めた。

また、「高知県室戸市」の「スパ」と「海洋深層水」の事例も成功例として取り上げた。

第Ⅶ章では、「熊本県天草市の天草プリンスホテル」が大きな設備投資を行わずにヘルス・ツーリズム（ウォーキング）を取り入れて旅館経営の改善だけではなく、地域とのコミュニケーションや地域活性化に貢献しながら大きなムーブメントを起こしている事例を分析する。

第Ⅷ章では、「大分県竹田市の長湯温泉」が公営温泉施設「御前湯」を開業することで観光客数を大幅に増やすと同時に外湯文化の広がりを助け、温泉施設が増えたことで観光客の選択肢が増えて観光客数を維持している事例から「要因」の重要性も明らかにする。また、竹田市全体として宿泊客の連泊、延泊を増やすために公的補助金サポートによる「竹田市温泉療養保健システム」を導入し、宿泊日数が３泊以上増える結果を導いたそのシステムの分析も行う。

第Ⅸ章では、事例の天草市、竹田市のそれぞれの高付加価値化が及ぼした構造転換の可能性と投資効果の「経営指標的モデル」について考察する。

第Ⅹ章では、ヘルス・ツーリズムによる旅館／温泉地の再生の「経済効果」を再検討し、その可能性とこれからの課題について述べる。

まとめでは、天草、竹田市・長湯温泉、室戸市等の事例からヘルス・ツーリズムによる観光地構造転換とその効果、それに伴う旅館、温泉地／観光地の再生による地域活性化の可能性を明らかにしてまとめる。

目次

第Ⅰ章　観光、健康の概念と両者の関わり

1．観光の定義

（1）日本における観光の定義

観光の定義は一つに定まっているわけではない。よく引き合いに出される「観光の定義」は、1969年4月に政府の観光政策審議会の答申の中で使われた、「観光とは自己の自由時間の中で、観賞、知識、体験、活動、休養、参加、精神の鼓舞等、生活の変化を求める人間の基本的欲求を充足するための行為のうち、日常生活圏を離れて異なった自然、文化等の環境のもとで行おうとする一連の行動を言う」と述べられたものである（前田［2006］）。

また、1995年6月に出された観光政策審議会の答申の中の「今後の観光政策の基本的な方針について」の前文では観光の定義を、「余暇時間の中で、日常生活圏を離れて行う様々な活動であって、触れ合い、学び、遊ぶということを目的とするもの」としており、「学び」の要素が明確に示されている（前田［2006］）。

余暇時間というのは、NHKの2010年国民生活時間調査における「自由行動時間＝人間性を維持向上させるための自由裁量性の高い行動を楽しむ時間」にほぼ相当する（北川［2008］）。

（2）世界における定義

世界観光機関UNWTOの「ツーリズム」の定義は、「人がレジャー、ビジネス及びその他の目的で、連続して1年を超えない期間、日常生活圏を離れて旅行し、旅行先で報酬を得ることをせずに、滞在する活動」となっている。連続して1年を超えない期間であること、日常生活圏を離れること、報酬を得ないことが大きな要素となっており、ビジネスであっても報酬を得ない商談や打ち合わせは観光とみなすということである。

「観光立国」「観光庁」「観光白書」などの場合は、この世界観光機関と同じ意味で使われている。たとえば、「観光庁」の英名は、「JAPAN TOURISM AGENCY（JTA）」である。

（3）観光の語源

観光の語源は、中国の儒教の古典とされる四書五経のひとつである「易経」に次の言葉があり、「国の光を観る」ものと解釈されている。

「観国之光、利用賓于王」(国の光を観（み）るは、もって王に賓（ひん）たるによろし)。

すなわち、「国」とは、当時の中国の状況からみてあるひとつの地方や地域を表し、「光」とは、「地域の優れたものないし特色」を意味するとされる。地域の優れたものを人々に観（しめ）し（見せ）また観ることによって人的交流を図ることが、王（地域の為政者）の大切な務めであると教えている。

この場合の「観」は観（しめ）すとの意があるが、「示」すとしないのは誇りを持って見せる（観す）との意であり、また、観るとも読むがこれも「見」ると書かないで「観」るとしているのは、心をこめて見るという意味だと説明されている（須田［2009］)。

また、別の解釈もあり、輝いている国を訪れて仕官を求める賢徳の士は、賢く徳があるために国王から賓客のもてなしを受け、その結果、国王を助けてその国のますますの繁栄のために貢献することになると理解されている。

いいかえると、ここでいう「国の光」とは、国が繁栄しその国を訪れる人々には、その国が光り輝いて見えることをいう。「観光」とは「国の光」を見ることであるといえる。住んでいる人が輝いているまちは、訪れたくなるまちなのである。

前田［2006］によると、「旅行者」とは「日常生活を離れて外部の地域に移動する人」のことであり、５つの条件、「移動の継続性（一時的)」「選択意思決定（随意的)」「移動の方向性（周回的)」「一般目的（非手段的＝それ自体が目的)」「具体的目的（遊ぶ、触れあう、学ぶ)」等を充たすことで観光者となる。

2．健康に関する考え方

（1）健康の概念

1）健康とは何か

世界保健機関（WHO）憲章にある健康の定義は、「健康とは、身体的、精神的ならびに社会的に完全に良好な状態（完全な肉体的、精神的および社会的福祉の状態）にあることであり、単に病気や虚弱ではないことにとどまるものではない。到達しうる最高度の健康を享受することは、人種、宗教、政治的信念、社会・経済的条件のいかんに関わらず、すべての人類の基本的権利のひとつである」とある。健康の定義に「精神的ならびに社会的」という言葉がはいっていることに注意したい。

人間の歴史において、健康を社会的な視点から見ることは十分に行われてこなかったといっていい。現代社会では、健康を客観的に考えるだけではなく、相対的なものとしてとらえるようになり、かつ受動的な面よりも能動的な面が強調される。また、健康の目的も個人個人で別個に設定され、生きることの目標との調和において、健康の目的が立てられると考える方が自然である。つまり、「健康と生活（習慣）との結びつき」を重視する時代となったといえる。

1986年にオタワで開かれた世界保健機関（WHO）の総会において「健康増進とは人々が自らの健康をコントロールし、改善する能力を向上させるプロセスである。（中略）健康増進とは、保健の分野だけではなく、健康的なライフスタイルからよく生きること（well-being）にも関わりがあるものである」とするオタワ憲章が採択された。現代では、健康は身体的・精神的・社会的の3つの次元を統合して考え、それらの病気治療や回復だけではなく、さらなる健康増進を図るものと理解されている（前田［2006］）。

2）日本古来の養生観と西洋の健康観

日本古来の養生観と西洋から入ってきた健康観の違いを明らかにしたい。

①日本の養生

野村［2003］によると、福沢諭吉が1860年に出版した「増訂　華英通語」には、healthという英語の文字があり、ふりがなは「ヘルス」で対訳は「精神」

となっている。このころはまだ、「健康」という言葉が日本語の中に存在していなかった。

また、有名な貝原益軒の「養生訓」にも健康という言葉は使われていない。個々には「康健」という言葉が使われており、益軒は「いま持っている元気を無駄にしないように倹約して保養せよ」と書いてある。

つまり、日本古来の健康観は「養生」であり、東洋医学で多くみられるが体全体を診て体質改善をすることである。真野［2005］によれば、養生について「人々は自分がどの程度基準に従うかを自分の裁量で決めることができる」となっている。つまり、養生は全体的にバランスをとることに他ならなかった。したがって、今日の健康の一部にみられる、「未熟な身体を精力を費やして強く鍛える」という考え方と異なる。

②西洋の健康観

200年ほど前に、医者の稲村三伯が「波留麻和解」というオランダ語の辞書を著したが、健康概念はこのような西洋医学の移入を経て誕生したようである（真野［2005］）。

西洋の健康観、つまり生理学的法則を真実として受け入れた人々の健康の実践と、江戸時代までの実践の違いがある。この医学に基づく健康維持は、生理学的法則に従うことで病気を予防したり治療するもので、体の要素を分解して悪い箇所を取り除いたり直すということになる。部分主義ともいえる。しかし、「養生」と違って医学に基づく医療の場合は、このエビデンスに基づく治療に逆らわないように努力をするか、怠って悪くなる状況を受け入れるかになる。

（2）健康に関する考え方の変遷

1）リスク社会となった現代

健康に対する意識が高まった現代、健康をめぐる消費状況に極めて特徴的な変化が起きている。健康食品市場の急激な拡大である。そうしたものをそろえるには有名ブランド（ファンケルやDHC）の廉価の商品だけではなく、月に数万円かかるようなケースもある。健康食品の市場は1兆円を超える勢いである（真野［2005］）。

健康関連の消費の原因は、真野［2005］によれば、生活の不安定さが増していることにあるという。この不安定化プロセスの要因としては、「リスク化」と「二極化」が指摘できる。「リスク化」とは、安心と思われていた日常生活がリスクを伴ったものになる傾向を意味する。もうひとつの「二極化」とは社会的格差の拡大で、中流意識の崩壊であり、ステイタスの格差が生じている点である。

2）健康サービスの推移

以前は、健康、医療、福祉、介護、教育、環境、安全といった分野でお金を使うことを、消費ではなく支出といっていた。それでは、これまでは、なぜ健康サービスが伸びなかったのか。

医療に関わる分野では「健康とは何か」という議論はまず、「病気でない＝健康」と考えるのは良くないという確認から始まる。

そして、健康とは全人的（ホリスティック）なものなので、医療現場を「病気を治す場」から「健康を増進する場」へ変革しようという話になる。健康について医療に取り込もうという方向は昔からあるのである。

しかし、実際には健康ブームは医療に関わる分野からは起きていない。高橋［2004］によると大きな流れは次のようになる。

①第１次ブーム（1970 年代）

最初の健康ブームは「スポーツ＆レジャーブーム」といわれる。1969 年に現在業界第２位のセントラルスポーツがスイミングクラブを設立し、運営受託方式により会員と施設を増加させていった。71 年にはダイエーレジャーランド（ダイエーオリンピックスポーツクラブの前身、のちにコナミスポーツに売却）が、73 年には日本体育施設運営（NAS）が、74 年にはピープル（現在のコナミスポーツ）がスイミングスポーツをオープンさせている。

②第２次ブーム（1980 年代）

1980 年代には若い女性を中心とした「エアロビクスブーム」から始まり、各地にエアロビック（ダンス）スタジオが登場、総合フィットネスクラブ業態が主流となり大型化・一般化していった。

1980 年代前半から中盤にかけては、温泉旅行をはじめとしてアロマテラピーや入浴剤、香りグッズなどリラクセーションビジネスが流行した。リラクセーション消費の主役は若い働く女性となり、健康ビジネスの消費の主役は主婦からOL へ変化していった。この時期に話題になったのが、80 年のポカリスエット

（大塚製薬）、83年のカロリーメイト（大塚製薬）、84年のバブルスター（原ヘルス）の発売である。

③第3次ブーム（1990年代前半）

1991年にバブルが崩壊して、リゾート施設・フィットネスクラブなど施設ビジネスの経営は悪化していった。

一方、新しく登場してきたのが「健康産業の新業態」である。91年に「スーパー銭湯」、94年には「クイックマッサージ」業態が登場した。この時期、設備型投資で有名になったものは少ないが、92年に日本初の本格的タラソテラピー（海洋療法）センター「タラサ志摩」がオープンしている。

ここまでは健康産業はあまりうまくいっていなかった。その原因は、医療との連携が少なかったことと、ハード面の提供に留まっていたことがある。サービスやマーケティングという視点が乏しかった。

④第4次ブーム（1990年代後半から）「マスメディアによる健康ブーム」

次に、「マスメディアによる健康ブーム」が起きた。今までのハード型ではなく、健康という切り口で何らかの解決策を提案するソリューション中心型である。マーケティングが取り入れられた。

1996年に健康情報テレビ番組「発掘！　あるある大事典」が始まった。その後も次々に同様の健康番組が登場した。「おもいっきりテレビ」で司会のみのもんたが取り上げた健康商品が翌日飛ぶように売れる状況であった。マスメディアの発信により、さまざまな健康食品がヒットし、消費者が日常の食生活で有機野菜やオーガニック食品を意識する傾向になった。

消費者が健康商品やサービスに対してレジャーやリラクセーションだけではなく、日常的な生活改善による体質改善を求めるようになったためである。この時期に話題となった商品には、98年の花王の健康エコナ、2001年の味の素のアミノバイタルがある。

2003年には「健康日本21」[注1]が開始され、禁煙・分煙を後押しするようになり、同年には健康保険の自己負担割合が2割から3割に拡大し、自分で健康に対処するという意識が高まった。

⑤第5次ブーム（2000年代半ばから）「一般化」

健康ブームを仕掛けるマスメディアにテレビショッピングが加わり始め、健康器具やダイエット器具のヒットを次々に生み出した。さらに、マラソン、ジョギングをはじめとする手軽なスポーツが人気を高め、それらのスポーツに参加するためのファッションが社会現象にもなってきている。「山ガール」等の言葉も出てきている。2006 年ごろからは本論の中心課題でもあるヘルス・ツーリズムもメディアに取り上げられることが増えてきた。つまり、「健康ブーム」が明らかに「一般化」してきたといえる。

結論として、より高度な健康、ヘルスが今ほど求められている時代はない。この社会的背景がヘルス・ツーリズムに結び付いているといえる。

3．健康と観光の関わり

（1）湯治文化

大分県直入町［2005］によれば、温泉と人間の関わりは時代とともに変わってきた。温泉は日本では主に入浴に使われてきたが、古代の文献に温泉の記述が多くみられることから考えても、古代から神秘的な恵みとして多くの人に知られていたと思われる。湯浴みは心身を清める沐浴としての意味があり、「湯垢離（ゆごり）」と呼ばれていた。そして、昔の温泉行きは「湯治」を意味していた。湯治とは、三省堂大辞林によると「温泉や薬草入りの湯に入って病気を」治療することである。「湯治」は医学が発達する前は貴重な医療法であり、人々は温泉の持つ不思議な力に恐れと尊敬とを持って接していた。

たとえば、後述する竹田市の旧直入町長湯温泉では、18 世紀には岡藩が藩営温泉をつくり、藩士にも積極的に湯治を勧めたため、藩の福利厚生施設の役目も果たしていた。長湯温泉の効能は地元の人には知られていたが、当時としては遠方から他藩の人間が人里離れたこの湯治場に来るには時間もお金もかかりすぎた。したがって、長湯温泉は近隣の人たちが長期休暇を過ごす「湯治場」であり、地元の人たちが使う「公衆浴場＝共同温泉」という性格がかなり強かった。さらに「浸かる温泉」に加えて「飲む温泉」という独特の温泉スタイルも育った。

藩が管理する時代が終わると、町が管理する公営温泉、地域の人が共同でお金を出して管理する共同温泉、旅館や個人の家の引き湯をしている内湯等が存在する時代になった。現在と違い各家に風呂がある時代ではなかったため、内湯をもらい湯したり、共同温泉を利用するのが日常であった。この地域では、家の中にある内湯以外はすべて“外湯”と呼ばれていた。共同温泉にはそれぞれ特徴があり、ルールも異なるため、入り比べたくなる。そこでかわす会話が情報交換であり、共同温泉は立派なコミュニケーションの場であった。

まさにこれが、共同温泉とともに地域を代表する湯治という温泉文化であり、農閑期にまとめて休みを取りじっくり身体や心を休める湯治スタイルであった。現代は時間が短縮され、日帰りで温泉を楽しむ人、宿泊して温泉を楽しむ観光のスタイルは、「現代版湯治」と呼べるのではないだろうか。

（2）新成長戦略

日本は現在、少子高齢化社会が始まり人口減少にどう対応するかがいろいろな角度から検討されている。観光（あるいは観光産業）も交流人口の拡大を図る一つの重要な要素として、2008年には、国土交通省の外局として「観光庁」が設置され、国内旅行、国際旅行を問わず交流人口の増大を促進している。また、2010年6月には、政府は「新成長戦略ー「元気な日本」復活のシナリオー」を閣議決定し発表した。『日本の強みを生かす成長分野』として、①「環境・エネルギー」、②「健康（医療・介護）」、『フロンティアの開拓による成長』として③「アジア経済」、④「観光立国・地域活性化」、そして『成長を支えるプラットフォーム』として⑤「科学・技術・情報通信立国」、⑥「雇用・人材」、⑦「金融」を挙げ、これらの7つの柱の需要創出にこれからの日本の成長を期待したのである。そのなかで、「健康」分野で2020年までに新規市場50兆円、新規雇用284万人、「観光」で同じく11兆円、56万人を創出するとしている。

4．まとめ

健康に対する理解が進むと同時に「未病」という概念がひろがり、病気を治すだけではなく健康増進や病気にならないからだづくりに必要性が認識され始めている。日本には昔から「湯治」といわれる文化があり、人々は知らず知らずに温泉につかることで健康に留意してきた歴史がある。情報や知識を手軽に入手できる時代でもあり、老若男女を問わず健康を求めることは容易に想像できる。政策的にも健康や医療さらには観光にも力を注ぐ体制ができている。そこで健康と観光の複合概念としてのヘルス・ツーリズムの重要性がますます増してくると思われる。これを次章で検討する。

[第Ⅰ章の注]

（注１）:「健康日本 21」

2001 年にスタートした「21 世紀における国民健康づくり運動（健康日本 21)」のことで、健康づくりに対する国民の主体的な取り組みを支援し数値目標を掲げ、早死や要介護状態を減少させ健康寿命の延伸を図ることを目指す運動。

第Ⅱ章　ヘルス・ツーリズム

1．ヘルス・ツーリズムの定義

（1）ヘルス・ツーリズムの定義

健康の概念は時代とともに変わってきた。WHO は前述のように健康の定義を行ったが、1986 年のオタワの総会で「健康増進とは、人々が自らの健康をコントロール、改善する能力を向上させるプロセスである。（中略）健康増進とは、保健の分野だけではなく、健康的なライフスタイルから、よく生きること（well-being）にも関わるものである。」とする「オタワ憲章」が採択された。ここには単なる医療保健的な物理的・肉体的な意味だけなく、ライフスタイルという心理的・社会的意味も含まれている。本書では、健康の意味を「オタワ憲章」の定義によるものとする。

次に、ここでは、各機関によるヘルス・ツーリズムの定義を検討する。

1）世界観光機関（UNWTO）

姜［2006］によると、ヘルス・ツーリズムの語を最初に用いたのは、1973 年に世界観光機関（UNWTO）の前身の「官設観光機関国際同盟（IUOTO）」である。そこでは、「自然資源、特に温泉、気候などを活用した健康施設を提供すること」と説明している。

2）観光立国推進基本計画

2007 年 6 月に閣議決定された「観光立国推進基本計画」によれば、ヘルス・ツーリズムとは、「自然豊かな地域を訪れ、そこにある自然、温泉や身体にやさしい料理を味わい、心身ともに癒され、健康回復、増進、保持する新しい観光形態であり、医療に近いものから、レジャーに近いものまで様々なものが含まれる」ことを指している。

3）NPO法人日本ヘルス・ツーリズム振興機構

NPO法人日本ヘルス・ツーリズム振興機構は、ヘルス・ツーリズムとは、「健康・未病・病気の方、また、老人・成人から子供まですべての人々に対し、科学的根拠に基づく健康増進（EBH）を理念に、旅をきっかけに健康増進・維持・回復・疾病予防に寄与する」ものと定義している（NPO法人日本ヘルス・ツーリズム振興機構ホームページ）。

4）社団法人日本観光協会

（社）日本観光協会は、ヘルス・ツーリズムを、「自己の自由裁量の時間の中で、日常生活圏を離れて、主として特定地域に滞在し、医科学的な根拠に基づく健康回復・維持・増進につながり、かつ、楽しみの要素がある非日常的な体験、あるいは異日常的な体験を行い、必ず居住地に帰って来る活動である」と定義している（日本観光協会［2010］）。

5）定義の比較

上記の定義をみると、1）では、自然資源を活用した健康施設の提供をさし、2）では、自然豊かな地域を訪れ、心身ともに癒されることが含まれている。3）では、科学的根拠による健康増進を理念としており、4）では、日常生活圏を離れて、医科学的な根拠に基づき健康増進に繋げることを指している。つまり、自然環境や施設を活用して、健康増進を目指すことが共通になっている。

また、定義問題として「ヘルス・ツーリズム」の概念との境界にある類似概念である「医療」や「レジャー」の要素をどこまで入れるのかという線引き問題もある。次に示すように、姜［2003］は、この2つを両極端としてヘルス・ツーリズムをその中間と位置づけている。ひとことでいうと、ヘルス・ツーリズムは「観光と健康の複合概念」といえる。

（2）ヘルス・ツーリズムの形態と要素

ヘルス・ツーリズムの形態としては、【図2-1】のように、姜［2003］は、①治療、②療養、③美容、④ストレス解消、⑤レジャー、があるとしている。

本論文では、ヘルス・ツーリズムとしては、すべての医療を含め予防や病気の発見のための検診や症状を改善する療法を主体として考えることにする。

また、近年では新たな考え方として、単に旅行中の健康効果に着目するのではなく、旅行をQOL（QUOLITY OF LIFE）向上のための手段としてとらえる動きもみられるようになっている（太田［2009］）。

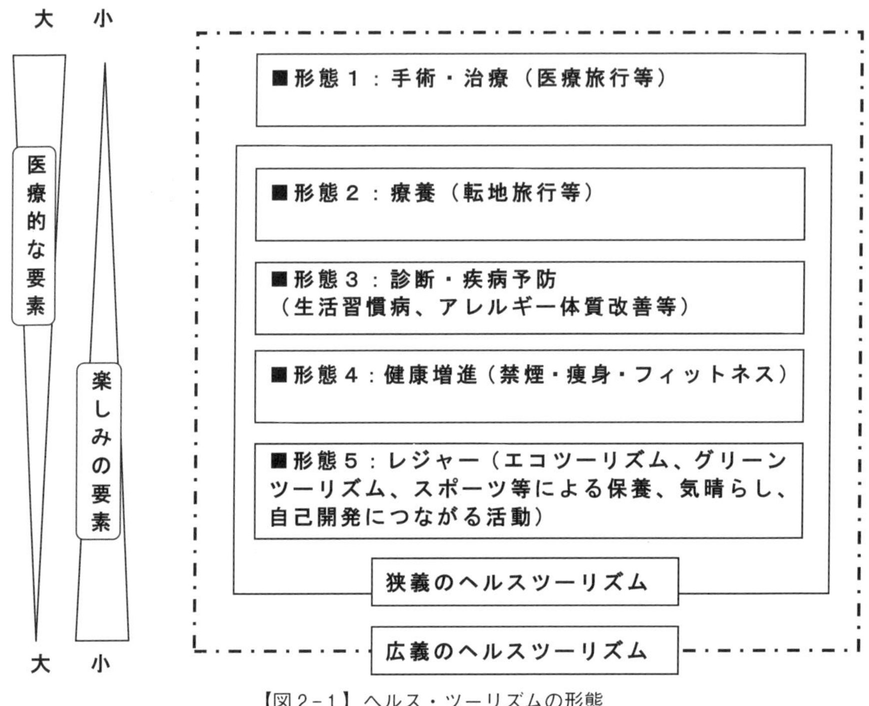

【図2-1】ヘルス・ツーリズムの形態
出所：姜［2003］

Smith［2008］によると、ヘルス・ツーリズムは大きく分けて「ウェルネス」と「メディカル」という2つの要素で構成されているとしている【図2-2】。旅行者が病気でない場合のツーリズムは、その目的がさらなる心身の健康増進を求めるという趣旨から「ウェルネスツーリズム」と称され、「メディカル・ツーリズム」と並列して「ヘルス・ツーリズム」を構成すると考えられるということはすでに述べた。

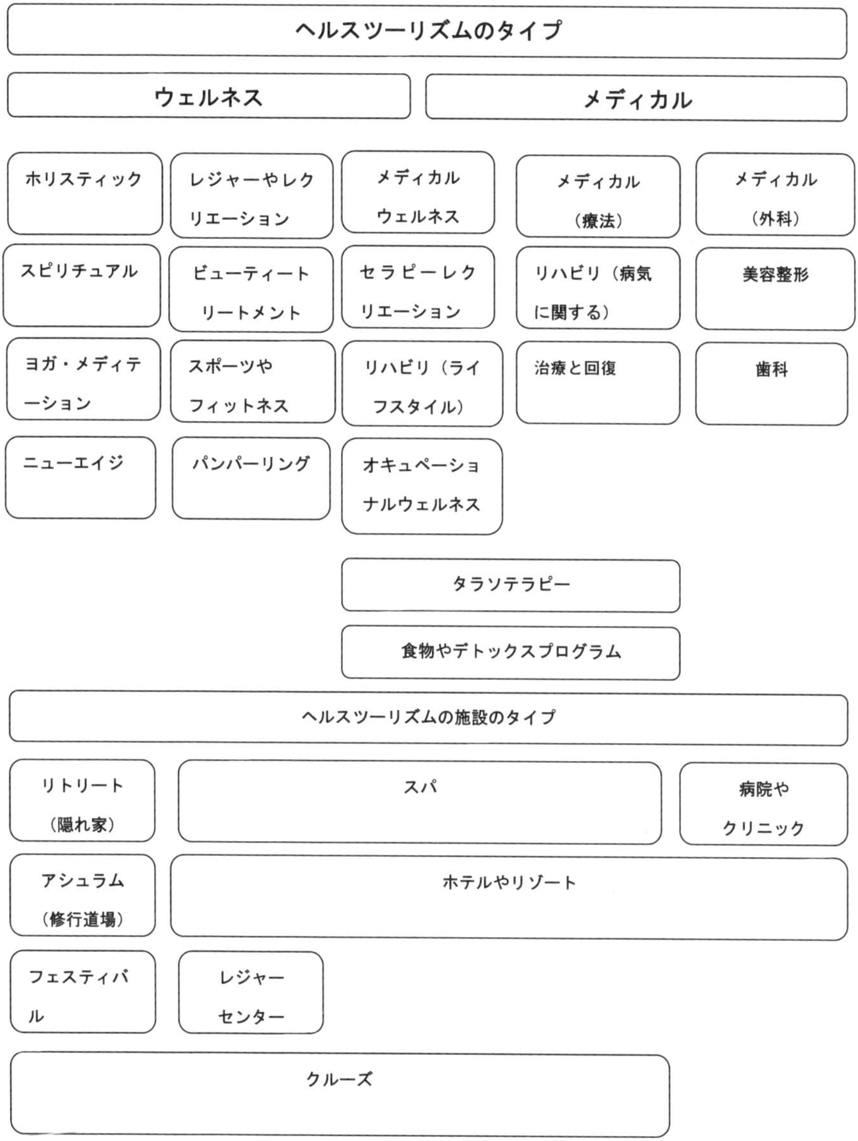

ヘルスツーリズムのタイプ

ウェルネス　　メディカル

ホリスティック
レジャーやレクリエーション
メディカルウェルネス
メディカル（療法）
メディカル（外科）

スピリチュアル
ビューティートリートメント
セラピーレクリエーション
リハビリ（病気に関する）
美容整形

ヨガ・メディテーション
スポーツやフィットネス
リハビリ（ライフスタイル）
治療と回復
歯科

ニューエイジ
パンパーリング
オキュペーショナルウェルネス

タラソテラピー

食物やデトックスプログラム

ヘルスツーリズムの施設のタイプ

リトリート（隠れ家）
スパ
病院やクリニック

アシュラム（修行道場）
ホテルやリゾート

フェスティバル
レジャーセンター

クルーズ

【図２−２】ヘルス・ツーリズムの範囲
出所：Smith［2008］

さらに、ヘルス・ツーリズムを考えるにあたって、旅行者の状態やウェルネスの観点から整理した図が【図2-3】である。なお、詳しくは後述するがこれらの図に出て来る「スパ」は「温泉」とは異なるものである。温泉を英語で「spa」と書く国もあるが、「hot spring」を使うことが多い。一言でいうと、スパは「人的なプロフェッショナル・スキルによるサービスを必要とされるサービス」が必要となる。

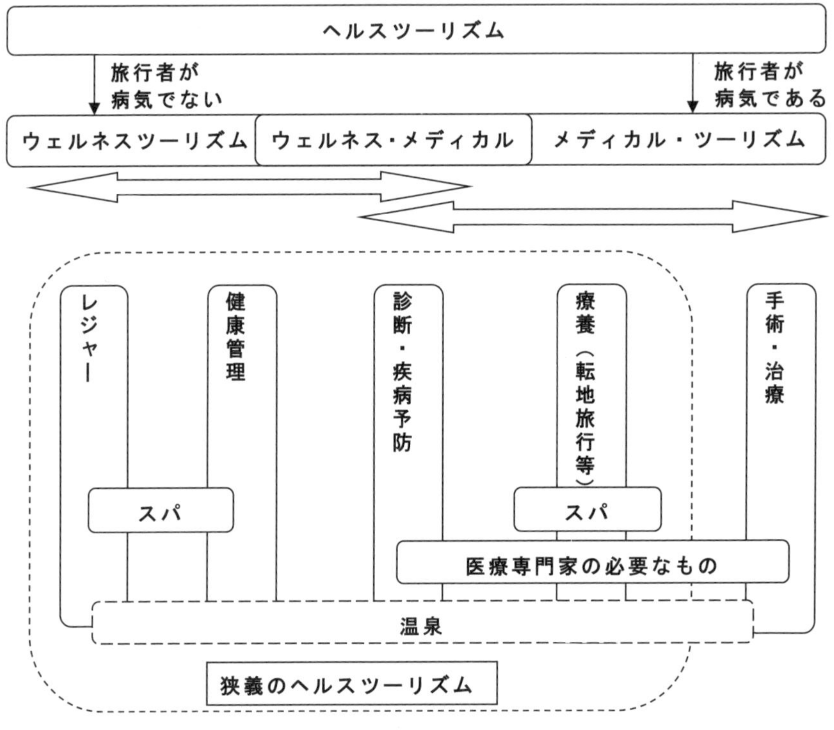

【図2-3】ヘルス・ツーリズムの概念図
出所：羽生［2011］を参考に筆者作成

そこで、ヘルス・ツーリズムの概念図からわかるように、旅行者が病気であっても病気でなくても、あるいは、医療的な要素が大きくても少なくても楽しみの要素が大きくても少なくても温泉がかかわっていることがわかる。つまり、温泉はスパと異なりプロフェッショナルな施術を受けないが、ゆっくり温泉につかるタイプから、温泉につかりながら養生したり、あるいは特別な泉質の温泉につかりながら病気を治療するケースまで存在している。ヘルス・ツーリズムの領域にある「手術・治療」「療養」「診断・疾病予防」「健康増進」「レジャー」のすべてと関係がある。

また、ヘルス・ツーリズムをモチベーションの視点からみると、【図2-4】のように、活動においては「非活動的」から「かなり活動的」まで大きく分かれており、動機においては「競争なし」から「競争的」まで幅が広い。本論のヘルス・ツーリズムは活動の「かなり活動的」や動機の「競争的」な部分を除外した範囲となる。

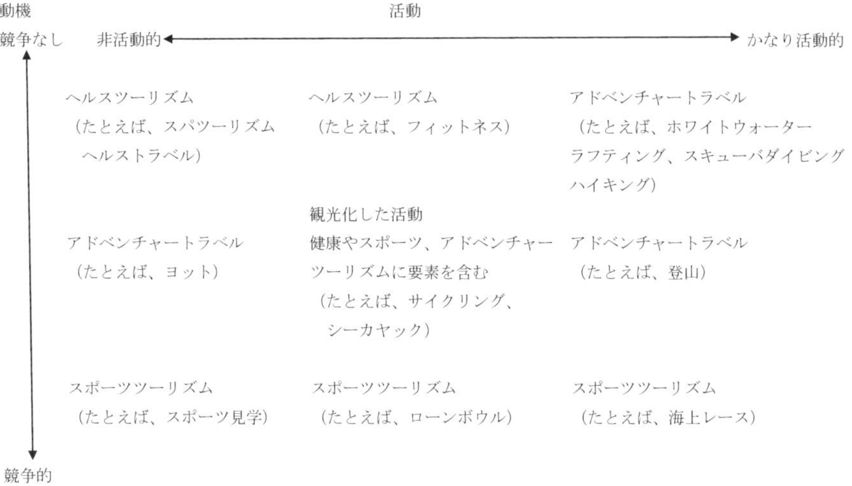

【図2-4】モチベーションの分類
出所：Smith［2008］

2．ヘルス・ツーリズムの市場規模

経済産業省は、2003年の「健康サービス産業創造研究会報告書」で、「健康産業サービス」の市場規模は2001年において12兆円であり、2010年に20兆円に拡大すると推計した（日本観光協会［2010］）。ヘルス・ツーリズムの市場規模もこの中に含まれることになるが、個別の推計まではされていない。健康サービス産業の範囲は、公的給付を除く、健診・健康支援、保健相談、健康関連情報システム、スポーツ、栄養管理・リフレッシュ、健康商品流通における、生活者の健康の維持・増進に関わる多様なサービスを指している。

また、ヘルス・ツーリズム研究所［2007］によると、「ヘルス・ツーリズム」の潜在的市場規模は、宿泊旅行において、3兆300億円、日帰り旅行においては、1兆1000億円、合計4兆1300億円になるとされている。

3．広義のヘルス・ツーリズムによる地域活性化

（1）ヘルス・ツーリズムのニーズ

1）ニューツーリズムの台頭

高度成長期とともにマスツーリズムが発展したが、その過程でマスツーリズムの弊害も指摘されるようになり、オルタナティブツーリズムやエコツーリズムと呼ばれるもう一つの観光概念、つまり、マスツーリズムに対抗する概念が台頭してきた。もちろん、今でもマスツーリズムが完全に消えてなくなったわけではないが、いろいろな形態のツーリズムが増えてきていることは事実である。

そういう動きの中で、2007年6月の閣議で、「観光立国推進基本計画」が決定された。日本として、観光を推進する上で力を入れるべき観光についてのあり方も示されたが「ニューツーリズム」も具体的に示された。

「ニューツーリズム」とは、厳密な定義はないが、「従来の物見遊山的な観光旅行に対して、テーマ性が強く、体験型・交流型の要素を取り入れた新しい形態の旅行」を指している。

一方、こうした強いテーマ性を持ち、新たな国内旅行需要や旅行スタイルを触発する旅行商品化への取り組みや、旅行商品流通システムの創出もニューツーリズムの概念として位置付けることができる。

渡邊［2009］によれば、内閣府の中心市街地活性化担当者が、2006年に全国の市町村が提出した基本計画を集計した結果から実に約8割の自治体が地域活性化の切り札として「観光関連」の目標を掲げていることが分かった。しかし、消費者嗜好の変化によりエコ・産業・ヘルス等のこれまでのカテゴリーに入らない、いわゆるニューツーリズムが増えている。

渡邊［2009］は2つの新規性を上げている。つまり、①「コンセプトの新規

性」旅行者の価値観の大きな変化、②「旅行形態面での新規性」個人を中心とした同じ価値観を持つ少人数による観光、この2つがニューツーリズムの条件となる。

そして、ニューツーリズムの消費者特性について次のように示している。「自発的な知的好奇心に立脚しているため、飽きがこないという意味で「非飽和性」が高く、この結果、他の観光地とも「共存関係」を保ちながら差別化ができるという可能性がある。また、似通ったコンセプトを持つ観光地は、競合ではなく、共存関係となることがある。すなわち、コンセプト観光のメリットは、確実なリピーターになりやすい、一度気にいると他には移らないということ、そして、口コミ（同じ趣味を持つ人）を介してのネットワーク化が期待できる」。

市町村等の地域は、このニューツーリズムの特徴が地域の活性化につながることを期待している。

2）ニューツーリズムのカテゴリー

ニューツーリズムのカテゴリーは多いが、日本政府［2007］によるとニューツーリズムの代表的なものは次の6つである。

①産業観光

歴史的・文化的価値のある工場等やその遺構、機械器具、最先端の技術を備えた工場等を対象とした観光で、学び舎体験を伴うものである。

②エコツーリズム

自然環境や歴史文化を対象として、それを損なうことなく、それらを体験し学ぶ観光のあり方であり、地域の自然環境やそれと密接に関連する風俗慣習等の生活文化にかかる資源を持続的に保全しつつ、新たな観光需要を掘り起こすことにより、地域の社会・経済の健全な発展に寄与し、ひいては環境と経済を持続的に両立させていくことにつながるものである。

③グリーンツーリズム

農山村地域において自然、文化、人々の交流を楽しむ滞在型の余暇活動であり、農作業体験や農産物加工、体験、農林漁家民泊、さらに食育などがこれに当たる。

④ヘルス・ツーリズム

自然豊かな地域を訪れ、そこにある自然、温泉や身体にやさしい料理を味わい、心身ともにいやされ、健康を回復・増進・保持する新しい形態であり、医療に近いものからレジャーに近いものまで様々なものが含まれる。

⑤ロングステイ（長期滞在型観光）

長期滞在型観光は、団塊世代の大量退職時代を迎え国内旅行需要拡大や地域の活性化の起爆剤として期待されるものであるとともに、旅行者にとっては地域とより深い交流により豊かな生活を実現するものである。

⑥文化観光

日本の歴史、伝統といった文化的な要素に対する知的欲求を満たすことを目的とする観光である。

これらのニューツーリズムは、経済環境にも影響されており、箱モノや新しい設備に投資が難しい環境において、すでにある既存の施設や資源を活用して、さらにそこに生活する人たちも有力な資源になりうることを示している。

3）ニーズの変化

日本生産性本部［2010］が10年後を想定し余暇の需給構造を展望したアンケートでは、前回調査1997年時点と今回調査時点2009年時点および今後の「余暇に求める楽しみや目的」を比較している。それによると、余暇価値観として、「今後」のニーズが「現在」を10ポイント以上を上回ったものは、①「社会や人のために役立つこと」、②「健康や体力の向上を目指すこと」、③「ぜいたくな気分に浸ること」、④「実益（収入）に結びつくこと」、の4つであり、今まで上位を占めてきた従来の「余暇＝オフ」という単純な分類が難しくなったことが分かる。しかも、上記の「今後」重要なもののうち②「健康や体力の向上を目指すこと」が実に6割に達しているが、そのほかの3項目は10ポイントと急成長していてもシェアでは3割前後である。このことは健康に関する重視を物語っており、今後のヘルス・ツーリズムの重要性が指摘できる。

ただ、ヘルス・ツーリズムは、“医療的な要素”と“楽しみの要素”が入り、両者のバランスが取れたものでないと成立しないとされる（日本観光協会［2010］）。楽しみの要素がなければ、（高度医療の条件を除けば）単に遠方まで治療に行くだけであり、逆に楽しみの要素だけでは、通常の「観光」と違わないことは重要である。

4）観光資源の発掘

ヘルス・ツーリズムの中で、「観光」はもちろん重要な要素である。しかも、ヘルス・ツーリズムはニューツーリズムの性格を持つ。本書において取り入れているニューツーリズムの概念にある「従来の物見遊山的な観光旅行に対して、テーマ性が強く、体験型・交流型の要素を取り入れた新しい形態の旅行を指す」は、ヘルス・ツーリズムにより交流人口を増やすことにつながる考え方といえる。

井口［2010］によると、マスツーリズム全盛期の観光地のプランニングでは、観光資源の評価は、特Ａ級、Ａ級、Ｂ級、Ｃ級などの分類が使われていた。観光計画の専門家がその周辺、例えば、駐車場や眺望点、あるいは、観光資源をつなぐルートをプランニングすることで来訪者が楽しめるようなしつらえを整備していった。

ところが、現在、観光資源として注目されるのは、マスツーリズムの対象となるような国宝級の文化財や大規模なリゾート施設だけではない。身近な生活臭の漂う下町界隈や路地空間、歴史的建築、近代化遺産、郷土料理、祭り、市場、地場産業など、その地域独特の気候・風土の中で生まれた生活・文化とそこでの交流や体験が好まれている。つまり、観光資源になりうる素材は、生活空間のすぐ近くにあり、それに気づくかどうかにかかっている。

１回限りではなく、幾度となく訪れ、地元の人々との交流を楽しむ。したがって、全国から人を呼べるようなものではなくとも、固有の文化や生活といった地域資源を観光資源化することで、それぞれの地域が全く異なった価値観で、観光的魅力を提供することができる。これはまさに、本書で述べる天草の事例そのものといえる。

（2）ヘルス・ツーリズムの構造

1）拠点論：行為拠点と宿泊拠点

筆者は、いわゆる、環境や健康にかかわるニューツーリズム系の観光において、宿泊拠点論は重要であろうと考えている【表２−１】【図２−５】。すなわち本研究における仮説的モデルは、ヘルス・ツーリズムの拠点を温泉地、旅館とするものである。これにより、逆に、衰退した温泉地、旅館をヘルス・ツーリズムにより活性化する可能性となる。

【表2－1】行為拠点と宿泊拠点

分類	行為拠点	宿泊拠点
アグリツーリズム／グリーンツーリズム	農家 山村	民泊
メディカル・ツーリズム	病院	病院内施設・ ホテル
医療観光（日本）	病院 検診機関	宿泊施設
ヘルス・ツーリズム	癒し施設	宿泊施設

出所：筆者作成

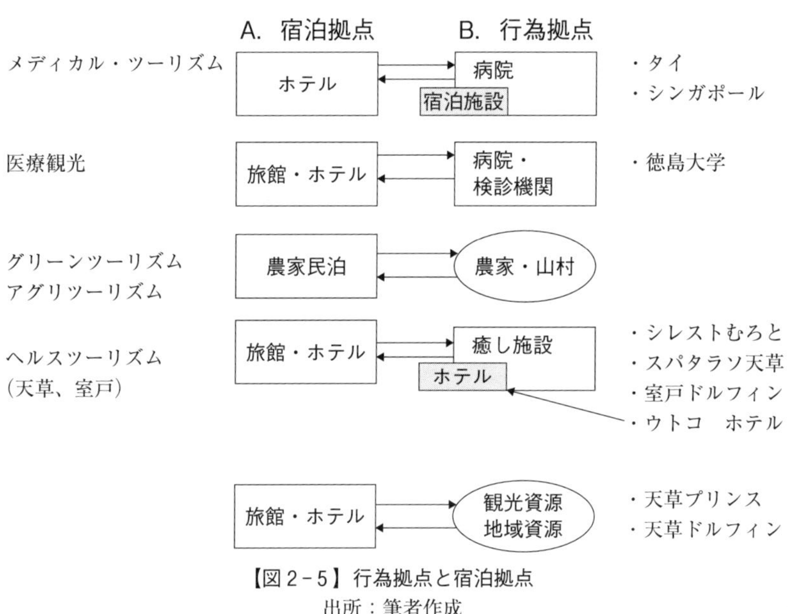

【図2－5】行為拠点と宿泊拠点
出所：筆者作成

①「アグリツーリズム／グリーンツーリズム」は、行為拠点は農家、山村で、宿泊拠点は通常、農家民泊を想定する。

②「メディカル・ツーリズム」は、宿泊拠点が諸外国では主に病院であるが、日本の「医療観光」では、検診が中心のためほとんどの場合はホテルや旅館に滞在することになる。

③「ヘルス・ツーリズム」も、アニマルテラピーやタラソテラピーによるツ

ーリズムの後の宿泊施設が必ずしも整っていない。

今回の研究によれば、事例の傾向として、それらを宿泊施設であるホテルや旅館が完備することによって成立していることがわかる。

また、筆者がかつて辻本［2011］で明らかにしたように、タイは、最大の特色である「スパ産業」がベースとなり、医療ツーリズムが成立してきた。このようにヘルス系ツーリズムでは、それをサポートする関連産業が重要である。

2）温泉の活用

そして、わが国の観光の最大の特色ある資源は、国際的にも各種アンケートからあきらかなように「温泉」である。これをヘルス・ツーリズムに利用しない手はない。それは、同時に温泉地の活性化にもつながり、適切である。

そこで、筆者は、

①温泉に宿泊し、病院や健診機関に通う「医療ツーリズム」モデル

②温泉に宿泊し、癒し施設に通うあるいはそれに関するプログラムを取り入れる「ヘルス・ツーリズム」モデルを提案し、本研究でその有効性を経済・経営的側面から実証することとしたい。

そもそも、日本の江戸時代における庶民の主な旅の目的が神社仏閣への参拝と湯治であったことからも明らかなように、日本における温泉は、ヘルス・ツーリズムの原点ともみなせる。

旅行動機と健康の回復・維持・増進との関係は新しいコンセプトではない。光武［2010］によると、西洋医学がまだ日本に入っていない時代、特に戦国時代には負傷者の治療のために各地の温泉が利用された。武田信玄の「隠し湯」は有名であるが、関西の奥座敷、有馬にも秀吉がたびたび訪れたといわれている（有馬観光協会 HP）。

日本観光振興協会［2012］によると、毎年実施している「観光の実態と志向調査」において、「温泉に入る・湯治」は宿泊観光の主目的の一つで、1999 年に18.6％の人が支持しており、以来今日まで 20％前後で推移している。温泉地への旅行は多くの人に支持され続けているが、温泉入浴そのものや、温泉地を取り巻く環境、温泉地での様々な取り組みが評価されているといえる。また、温泉地への旅行が単なる慰労ではなく、積極的に疲れをいやし、リラクゼーションをもふくめて、健康の回復、維持、増進に利用している表れでもあるといえる。

他方、温泉入浴に求められる効用、あるいはそれ以上の効用を温泉（地）以外でも享受しようとする新しい動きがみられる。それは、世界的にみられるがボディートリートメント、アロマテラピー、タラソテラピー等を通して、積極的に健康の回復、維持、増進、そして健康美を求めて都市部やリゾート地へ旅をする人たちである。

以下、このように、ヘルス・ツーリズムと拠点、温泉との関係をふまえて検討したい。

（3）観光構造からみるヘルス・ツーリズム

須田［2009］によると、観光は次の要素で構成されている。「観光客」「観光動機」「観光（支援）基盤」「観光資源（観光対象）」である【図2－6】。「観光行動」の基本構造は、まず「観光動機」の発生から始まる。A動機が観光客の意思を刺激して、観光客を観光行動に誘導する。そして、B観光動機に導かれた観光客は観光行動（観光対象におもむく）にうつり、観光の意思をもって行動する。そして観光対象に接し（観光対象を見たり味わうなど）、Cその結果何らかの観光による効果を期待する。この効果（なんらかの「観光」による満足、充足感）が得られたとき、観光客にとって観光対象が「観光資源」として認められる。

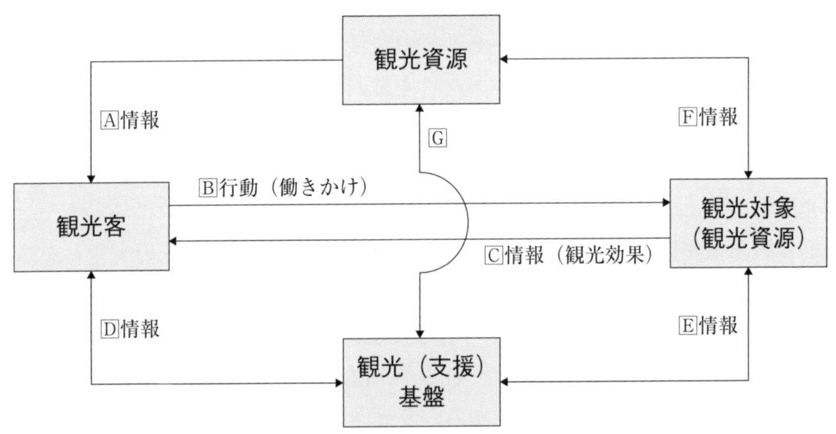

【図2－6】観光要素とその関連（観光構造図）
出所：須田［2009］

（4）観光行動と拠点の関係性

一方、岡本［2002］によると、観光は「周遊型観光」と「滞在型観光」に分類される【図2-7】。

滞在型観光は、スキー等に代表される形態である。この場合は行為拠点がスキー場になり、宿泊拠点が近い場合が多い。

周遊型観光は、「回遊行動」としても把握され、その観光回遊にいくつかの特性が認められる。出発地からの距離が延びると大きく回遊し、観光対象の数も増える傾向がある。そして、「旅行距離」と「観光対象の価値」との関係でいうと旅行距離が延びると、より価値の高い観光対象を求める傾向が強まる。つまり、長距離の旅行になるほど、観光者が多くの時間的・経済的コストをかけることになるため、コストに見合っただけのコストパフォーマンスをもとめるからと考えられている（岡本［2002］）。

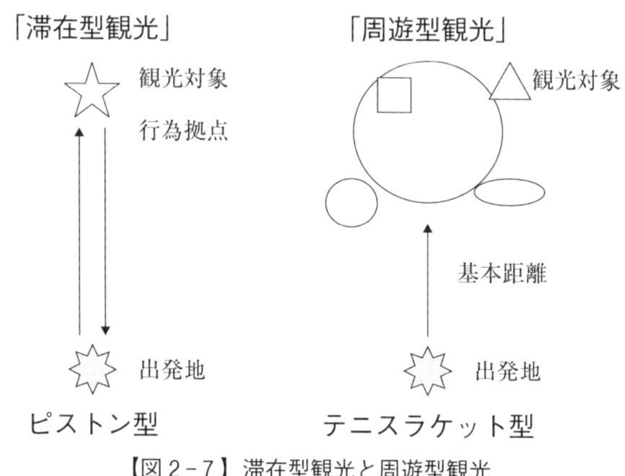

【図2-7】滞在型観光と周遊型観光
出所：岡本［2002］を筆者加筆

1）地域経済の視点からみると、「周遊型観光」は観光地での滞在が短く、さらに観光地に観光資源が少ない場合はすぐに次の観光地に移るため、経済効果は小さくなる。

2）宿泊地の経済効果が大きいのは「滞在型」である。

したがって、資源のない観光地が経済的に効果を得るには、①観光地に観光資源を増やすこと、②滞在型に近付けること、が重要である。

また、ヘルス・ツーリズムには、宿泊拠点と行為拠点が必要であり、行為拠点がない場合はそれを創出する必要があり、宿泊施設がない場合は日帰り観光地点か通過観光施設になるため、宿泊拠点を作るか連携することで宿泊行為に結びつけることができる。その際、日本では温泉が大きな役割を果たす。

4．まとめ

本章では、ヘルス・ツーリズムの定義やその要素、概観について触れた。ヘルス・ツーリズムは健康とのかかわりがあるツーリズムであるため、健康の定義も確認したが、つまり、健康は単なる医療保険的な物理的・肉体的な意味ではなく、ライフスタイルという心理的・社会的意味も含まれている。

そして、ヘルス・ツーリズムはニューツーリズムに分類されるが、その特徴は渡邊［2009］によれば、全国の実に約８割の自治体が地域活性化の切り札として「観光関連」の目標を掲げているが、その多くで、消費者嗜好の変化によりエコ・産業・ヘルス等のこれまでのカテゴリーに入らない、いわゆるニューツーリズムが増えていることもわかった。

そして、①「コンセプトの新規性」旅行者の価値観の大きな変化、②「旅行形態面での新規性」個人を中心とした同じ価値観を持つ少人数による観光、この２つの新規性がニューツーリズムの条件となる。

また、ニューツーリズムの消費者特性は、「自発的な知的好奇心に立脚しているため、飽きがこないという意味で「非飽和性」が高く、似通ったコンセプトを持つ観光地は、競合ではなく、共存関係となる可能性がある。そして、コンセプト観光のメリットは、確実なリピーターになりやすい、一度気にいると他には移らないということ、そして、口コミ（同じ趣味を持つ人）を介してのネットワーク化が期待できる」。これは、まさにヘルス・ツーリズムに期待されることである。

最後にヘルス・ツーリズムの構造について述べたが、本研究における仮説的モデルはヘルス・ツーリズムの拠点を温泉地や旅館とするものである。これにより逆に、衰退した温泉地や旅館をヘルス・ツーリズムにより活性化する可能性が明らかとなる。

次章の第Ⅲ章では、日本の将来に重要な位置を占めると思われるメディカル・

ツーリズムについて、海外の事例（タイと韓国）も含めて、日本のメディカル・ツーリズムの課題を考える。

第Ⅲ章　メディカル・ツーリズム

1．メディカル・ツーリズムの現状

（1）メディカル・ツーリズムとは

2008年10月に国土交通省の外局として観光庁が発足し、2013年に訪日旅客1500万人の受け入れを目指していた。そして、経済産業省［2007b］によると、2006年のアジアにおけるメディカル・ツーリストの数が180万人に達し、その市場規模は7300億円に及ぶ。また、植村［2010］によると、2010年5月に日本政策投資銀行が、日本における医療ツーリズムは、「2020年時点で年間43万人程度の需要が潜在的にあるとみられ、潜在需要が実現した場合の医療ツーリズム（観光を含む）の市場規模は約5500億円、経済波及効果は約2800億円と試算される。」と発表している。

タイだけでも2008年には145万人の国際患者を受け入れている。しかし、なぜ、メディカル・ツーリズムがここまで発展して、なぜ、アジアで勃興したのかは、研究課題といえる。この章では、アジアでのメディカル・ツーリズムの勃興に対し、マイケル・ポーターのダイヤモンド理論を拡張することにより説明を試みる。さらにタイ独特の2つの条件を加味しながら、アジアの中でも最も多くの国際患者が訪れるタイにおけるメディカル・ツーリズムの強さを説明する。そこから、日本のメディカル・ツーリズムの展望を考える。

（2）メディカル・ツーリズムの定義

1）世界におけるメディカル・ツーリズムの定義

①世界観光機関（UNWTO）の定義

世界観光機関（UNWTO）の定義によると、メディカル・ツーリズムとは、「歯科治療や美容整形などの軽度な治療から、がん治療および心臓バイパス手術など高度な手術を含み、海外へ病気を治療しに行くこと」を意味する。

②米国医学図書館の MeSH（Medical Subject Headings）の定義

米国医学図書館の MeSH（Medical Subject Headings）という用語集によれば、「Travel to another country for the purpose of medical treatment（治療を受ける目的で、他の国へ旅行すること）」である。「観光」という要素を示す言葉は含まれていない。

③「メディカル・ツーリズム・リサーチ&サーベイ」のアンケート

メディカル・ツーリズムの概念が、まだ新しいため、それを示す言葉は、固まっているわけではなく、国によって異なっている。「Health Tourism」「Medical Travel」「Health Related Travel」（OECD）などの形があるが、実体としてのメディカル・ツーリズムが、興隆をきわめている事実は否定できない。なお、本書では、メディカル・ツーリストを基本的に「メディカル・ツーリスト」または「国際患者」と表現するが、国によっては「外国人患者」と表現しているため、3つが混在しているが、これらはほぼ同じ意味である。

2）日本におけるメディカル・ツーリズムの定義

①国交省、経産省、厚労省

日本においても、メディカル・ツーリズムの定義は、定まっていないが、国土交通省観光庁の「医療観光」の定義は、「医療サービスの受診・受療を行う目的で他国を訪問し、合わせて国内観光を行うことで、健診、治療、美容・健康増進の3つの医療サービス分野を対象とする（国土交通省観光庁［2010b］）」である。経済産業省の「サービス・ツーリズム（高度健診医療）」や、厚生労働省の「医療ツーリズム」も同じ意味を指している。

②神野

神野［2010］によれば、日本では、海外からの治療や検診の受診者および同伴者が、治療・検診後に観光することを「医療観光」と表現し、受診者が、治療や検診に海外から来ることを「（狭義の）メディカル・ツーリズム」と呼んでいるケースが多い。

③本書

本書では、世界観光機関の定義と日本の医療観光の定義の2つを合わせて「治療の為に、他国へ旅行（移動）すること及び観光行為」を「（広義の）メディカル・ツーリズム」と呼ぶことにする。

（3）メディカル・ツーリズムの背景

1）発生要因

それでは、人はなぜ、治療を受けるために国境を超えるのだろうか。

医療の3指標には、①コスト（治療にかかる費用)、②アクセス（治療にかかりやすさ)、③医療の質（治療の技術）があり、この3指標のいずれかが欠けた場合にメディカル・ツーリストになるとされる。

Woodman［2008］によると、コストに関しては、手術の内容によっては、米国で受ける場合の10分の1以下のケースもある。アクセスは、言い換えると待機時間のことで、たとえば今すぐに手術を施してもらいたいときに数カ月待たないといけないケースはアクセスが非常に悪いといえる。医療の質は、自国で受けるより高度な治療、先端治療を受けることが重要である。

2）パターン分類

発生するパターンとしては、次の4種類に分類される【図3－1】。
タイプ[A]　先進国⇒先進国、タイプ[B]　発展途上国⇒先進国、タイプ[C]　先進国⇒発展途上国、タイプ[D]　発展途上国⇒発展途上国、の4パターンである。

これを動機で分類すると、①よりよい医療の質（技術）を求めては[A][B][D]、②より低いコストを求めては[C]、③物理的なアクセスを求めて（待ち時間を減らす）[C]、となる。

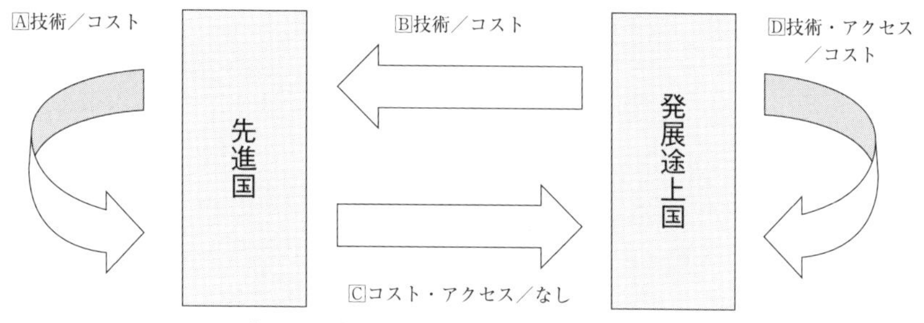

【図3－1】メディカル・ツーリストの流れ
出所：真野俊樹［2009］をもとに筆者作成
注：図表の中で　/　は（目的）/（条件）を示す。

3）患者の求めるもの

マッキンゼーが2008年に行った20カ国の病院の国際患者4万9980名のアンケートの結果によると、患者が一番に求めるものは、①「最先端の医療技術」40％、②「よりよい医療の品質」32％、③「待機時間の解消」15％、となり、コストが主たる理由ではなく、医療技術とアクセスの改善が大きな比率を占めているということが示されている（Mckinsey［2008］）。

4）発展の背景

メディカル・ツーリズムが発展してきた背景は、いろいろ考えられるが、各国の医療制度の問題以外に、グローバリゼーションの波及、情報化の進展、消費者意識の変化がある。具体的には、①インターネットの普及、②テクノロジーの発達による医療技術の発展、③リーズナブルなコスト、④医療へのアクセス改善、⑤経済発展による富裕層の増加、⑥人口構造の変化に伴う長寿・高齢化、⑦患者の考え方の変化による観光の付加、⑧ロー・コスト・キャリア（LCC）の登場による移動コストの減少、などとなる。これらの要素が重なって、メディカル・ツーリズムの発展が促進された。

（4）世界のメディカル・ツーリズムの動向

市川［2010］によると、英誌「国際メディカルトラベルジャーナル（IMTJ）」

は、2008年時点での全世界のメディカル・ツーリストは500万人から600万人と推測している。また、米国の国立政策分析センター（NCPA）によれば、メディカル・ツーリズムの市場規模は、2006年の600億ドルから2012年には1000億ドルと年平均9％の成長が見込まれている。そして、アクセンチュアがフィリップ・パーカー教授の試算をもとに推計したメディカル・ツーリズムの潜在顧客数は、14年に中国で150万人、インドで60万人に達する、としている。

また、真野［2009］によれば、経済の発展との関連から考えると、医療は人件費が比較的高い労働集約的産業であると同時に、技術の進歩の影響が大きい産業である点が重要といえる。日本は、戦後急速に経済が復興し高度成長を遂げた国として知られるが、メディカル・ツーリズムで有名なタイやシンガポールも急速に経済成長を遂げている。人類が、究極的に健康や疾患を持たない生活を求めるがゆえに、先進国では医療技術の研究が進み医療の高度化が進んだ。また、途上国であってもたとえばインドであればIT、東南アジアであればヘルスといったように、各国は戦略的に新しい分野に参入し産業としての発展を狙っている。つまり、総合的な経済レベルでみた中進国でも「メディカル・ツーリズムの先進国」になれることを意味している。逆に日本のように先進国であっても「メディカル・ツーリズムの後発国」である場合もある。

もちろん、医療は不確実性をも併せ持つうえ、医療は健康という目的を達成するための派生需要であるので、健康あるいは疾患のない生活が確実に得られるとは限らない。少なくともそれへの可能性があると言うことで、新興国の富裕層に魅力的であろう。すなわち、経済発展の過程において、新興国の富裕層と先進国の国民が同じレベルの財を欲するようになっているのである。そして、医療は制度化されなければ私財的であるため、高価格での売買が可能であり供給できる状況にある。後は供給主体の問題であった。この新興国の富裕層の意向と、医療が私的財であることをうまく利用しているのが、メディカル・ツーリズムを志向している国である。

アジアにおける数字的な動きは次のようになっており、メディカル・ツーリストの数はシンガポールでは100万人、タイでは200万人に達している【図3-2】。

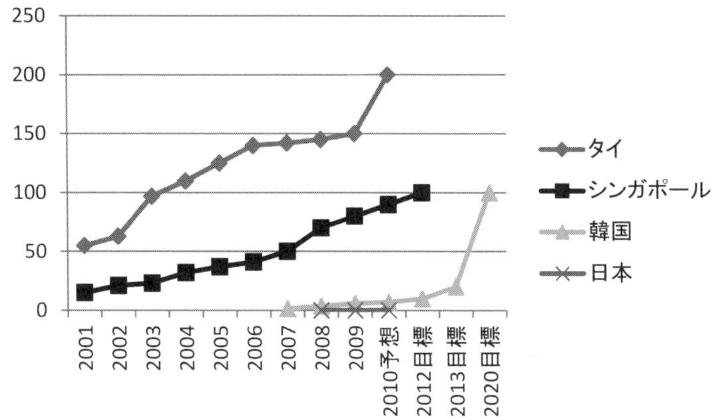

【図3－2】各国の国際患者受け入れ数の推移
出所：タイ国政府観光庁（ヒアリングより）、経済産業省［2007a］、Deloitte［2008］、韓国保健産業振興院［2010］（注：日本の数字は推測）

2．アジアにおけるメディカル・ツーリズムの勃興（1）
――タイモデル＝拡張ダイヤモンド・モデル

（1）アジアでの勃興の背景――需要・市場要因

1）アジアでの勃興の背景

アジア地域において、メディカル・ツーリズムが、急速に発展したベースとなる理由として、次の点があげられる。

まず、第1に言語つまり英語である。欧米の植民地や統制下にあった国が多く、英語が不自由なく通じることが大きい。シンガポール、マレーシア、インド、フィリピンなどである。

第2に医療技術が進んでいることである。アジアの多くの医師、看護師、技術者が、欧米で先進医療技術を学んで帰国して母国で医療に従事していた。

そして第3はコストである。物価が安く、そのため医療コストも先進国に比べて割安であった。

これらのアジアの環境のもとで、さらに次の2件の歴史的事件によりメディカル・ツーリズムが急速に発展したと考えられる。

2） 2つの歴史的事件

① 1997 年のアジア通貨危機

1997 年に通貨危機が瞬く間にアジアを駆け巡り、多くの企業や輸出が大打撃を受けた。私立病院も同じ状況で、外国人投資家を引き付けるためと医療サービスを輸出するために、官民がメディカル・ツーリズムに力を入れ始めた。

真野［2009］によれば、1990 年代前半からの東南アジア投資ブームによって引き起こされた 1997 年の東南アジア通貨危機の際に、「外国資本の流入を促し、資本を蓄積する一方で、輸出需要で経済成長する」という発想をもとに、グローバル化を利用しようとしたが、これが新興国におけるメディカル・ツーリズム奨励の発想に類似している。つまり、現在、メディカル・ツーリズムを行っている医療機関の多くは株式会社として上場し、その資本はグローバルに蓄積され、患者が海外から来ることで（医療サービスの輸出）、国内の消費を喚起し、国内経済を活性化しようということであり、メディカル・ツーリズムはまさに国家的な産業政策となっている。

② 2001 年 9.11 テロ事件（ニューヨーク）

2001 年の 9.11 事件以降、米国の入国審査が非常に厳しくなり、多くの外国人が、手術・治療のために米国へ行くことができなくなった。特に、中東イスラム諸国の富裕層は、行き場を失い、東南アジアに治療先を求めてシフトしてきたのである。まず、シンガポールがこの動きを察知して先陣を切り、それまで、外国人の治療で実績があったタイが、シンガポールの動きを真似した形でメディカル・ツーリズムに本格的に乗り出した。

もともとタイは国民の 5％のイスラム教徒を抱えており、異教徒に対する環境やインフラはすでに整っていたため、瞬く間に中東はじめイスラム諸国からの患者の受け入れ先として脚光を浴びてきた。また、米国入国に不安を感じたイスラム以外の人々も、治療をするために米国以外の受け入れ国を探していたため東南アジアの国々がその受け皿になったといえる。アラブ首長国連邦（UAE）ドバイの“ヘルスシティー構想”も、中東から東南アジアへ流れる中東諸国の患者を、中東に呼びもどすことを念頭に練られている。

タイの国際患者受け入れ数の変遷であるが、2001 年の 9 月に 9.11 テロ事件があり、翌年以降米国が入国を厳しくしたため、米国へ渡航するはずだった患者も含めて 2003 年の国際患者は大幅に増えて 97 万 3532 人となり、2002 年の 62 万

9960人と比べて約34万人も増えている。

ところが、その2003年は世界中でSARS騒ぎがあり、タイ自体も外国人観光客数を前年から大きく落としている年であった。そのような不利な条件の中でのタイの国際患者の増加は、いかに、米国の対応の影響が大きかったかがわかる。ちなみに2003年にタイを訪問した観光客数は1008万2109人となり2002年の1087万2976人に比べて約79万人減少している。その状況の中で逆に国際患者は約34万人増加したのである（TAT［2008］）。つまり、命に関わる医療の問題であるため、渡航者は減少するどころか逆に増えたことになる。

（２）前段階産業要因（スパ等）

タイに来る一般観光者は、1415万人（日本政府観光局JNTO［2010］）であるが、そのうちスパにいくものが約460万人（経済産業省［2007b］）あり、さらにメディカル・ツーリズムにいくものが145万人（2008年、タイ国政府観光庁ヒアリングによる）ある。スパ産業は、メディカル・ツーリズム産業の前段階産業条件とみなせる。

1）特殊条件としてのスパ産業の大きな構成要素のタイ・マッサージの存在

スパ産業に触れる前に、タイ・マッサージ[注1]の歴史を振り返る必要がある。

①宮廷医

飯田［2006］によると、歴史的正当性を裏付ける資料として一般に用いられているのは、かつての宮廷に関するものであり、宮廷医を中心とした医学テキストの編纂が、西洋医学の導入と表裏一体で行われたこと、そして、それらのテキストや外国人の記録から、マッサージが宮廷で用いられていた治療法のひとつとして記録されている。

アユタヤ朝時代、17世紀の後半に記されたとされる「ナラーイ王の薬方」というテキストの中に、宮廷医の中にはマッサージ師という職位があり、宮廷医の中でも比較的高く位置付されていたとされる。医師たちが、マッサージを治療法の一つとして用いたことが分かる。この薬方の編纂には、タイ人医師以外に中国人医師やインド人医師も関っている。当時フランス人宣教師により西洋医療が入ってきており、脅威を感じたため作成した可能性がある。

②伝統医療

西洋式をはじめ外国の医療が入って来る中で編纂されたテキストや、外国人の記録から、アユタヤ朝の宮廷には専門化された医師団がおり、マッサージは、治療法の一つとして用いられたことが明らかにされている。そして、17世紀後半から20世紀初頭までの間、宮廷医たちを中心として医学知識の集大成が、繰り返されたことも分かっている。とりわけ大規模なもの、「ナラーイ王の薬方」編纂やワット・ポー（ポー寺）における知識の造形化、そして20世紀初頭のテキスト出版は、西洋の影響が特に急に及んだ時期に行われた。そして西洋医療が本格的に導入されるに従って、それと異なる様式は、「伝統医療」と呼ばれるようになったが、これらの資料が、のちに「タイの伝統医療」の正当化に役立ったといえる。

③西洋医療導入

飯田［2006］によればタイ医療の歴史的流れは、1887年に、タイで最初の王立シリラート病院が開設され、医師の数も限られていたことからアメリカ人医師の西洋医学とともに、タイ人宮廷医たちによる診療が採用された（当時西洋医療は、まだ受け入れられていなかった）。

しかし、1915年に伝統医学による診療およびその教育が廃止され、1923年に医療法が施行されて、すべての医療従事者の登録が義務づけられた。そして、1936年に「医療行為管理法」で伝統医療に定義を与えることになったが、そのことが活動を制限することになった。1953年に、伝統医療従事者のための免許制度を施行、国家試験に合格すれば免許を取得できるようになった。

1970年代半ば以降から、伝統医療復興運動が全国に展開するようになったが、そのよりどころは、宮廷医が編纂したテキストや外国人の記録、および、国是である「民族、宗教、国王」であった。そして、「タイ民族」の重要な要素として「タイの伝統医療」「タイ式医療の制度化」の構築に向かうことになった。

④タイ式医療として確立

1990年代になると、政府が政策転換を行い、「タイ式医療の制度化」を推進することになった。1993年には、公衆衛生省医療課に「タイ式医療研究所」が設置され、1994年から2003年まで「タイ式医療の10年」と呼ばれるが、「伝統医療」という言葉は、現代の需要に合わないので、「タイ式医療」と呼ぶことになった。

本来タイ・マッサージとは、1970年代後半以降のタイにおける伝統医療復興運動や「タイ式医療」制度化の過程で創出されたマッサージを基本的には指す。それ以前からの古びたイメージの古式マッサージとは分けている。スパ産業で中心になるタイ・マッサージ（タイ古式マッサージ）には長い伝統医療、宮廷医療としての背景があることを押さえておく必要がある。スパ産業については第Ⅵ章でさらに詳しく触れる。

2）スパ産業の特徴

タイ保健省の推計によると、2008年度のタイにおけるスパ産業の市場規模は169.89億バーツ（約596億円）で、2004年度と比較して、その市場規模は3.4倍にまで拡大すると見込まれている（経済産業省［2007a］）。

また、2005年のタイ政府観光庁（TAT）の資料によると、タイ国内のスパ施設は791施設に上り、そのうちバンコクに363施設（45.9％）がある。タイのスパ施設への年間来客数は約461万人である。スパ・カテゴリー別でみると、デイ・スパへの来客者数が約318万人と最も多く、来客者数の7割近くを占めている。また、2004年におけるスパ施設への来客者の住所をみると、海外からの旅行者が78.0％となっている。

（3）ホスピタリティ文化要因

アジアの中でも、メディカル・ツーリズムが群を抜いているタイについて、タイの文化的背景を捉えておく必要がある。次の様な文化的要因がタイ独自のホスピタリティを醸成している。

1）タイの歴史風土

タイは、総人口5億7000万人のアセアンの中心にあり、国土面積は、51万3115km^2（日本の約1.4倍）で国土の40％が農地の農業国でもある。人口は6625万人で、首都はバンコク（居住者1100万人以上）である。気候は熱帯季節風気候で、宗教は、仏教（タイは上座部仏教（小乗仏教））が93.9％、イスラム教5.2％、キリスト教0.7％、その他0.2％で、タイの仏教寺院数は約3万、僧侶は約29万人いる。タイの民族は、タイ族85％、華人系10％、マレー系、インド系、カンボジア系等からなっている（在日タイ王国大使館ホームページ 2010年11月1日参照）。

2）アジア4位の観光大国タイ

日本政府観光局JNTOホームページ（2010年11月1日参照）によると、2009年にタイを訪れた外国人観光客は、1415万人で、世界17位であり、アジアでは中国、マレーシア、香港に次いで4位の観光大国である。参考に、日本は、2009年は679万人で世界33位となっている。

そして、タイは「メディカル・ツーリズム先進国」といわれ、2010年には、年間200万人の外国人患者を受け入れるといわれている。

アジアでは、タイやシンガポールをはじめ、インド、マレーシア、韓国、台湾でもメディカル・ツーリズムが発展してきているが、その背景には、①英語、②医療技術、③コスト、があることと、さらに、1997年のアジア通貨危機と2001年の9.11事件が勃興のきっかけとなった。タイはアジア通貨危機の際に医療サービスの輸出を喫緊の課題として、観光セクターと医療セクターが手を取り合い2つの融合を推進させた。タイは観光国でもあり、メディカル・ツーリズム先進国で、政府や観光庁は、年間1500万人近くの外国人観光客を受け入れる「観光大国」の優位性を利用し、「国際観光の推進」と「医療の国際化」をうまく実現している。

3）宗教

タイは国民の93.9％が、仏教を信仰（在日タイ王国大使館ホームページ）している。同じ仏教でも日本に伝わった大乗仏教とは異なり、上座部仏教（小乗仏教）で厳しい戒律がある。一般的に日本の仏教は、説法を聞き教本を読むことで極楽浄土に行けるとするが、タイの仏教は、戒律を守り男子は一生に一度は出家をする必要がある。また、タイでは、宗教上の平等をうたっているため、仏教は国教といわれているが、憲法上は信仰の自由が認められている。そのため、イスラム教徒（5.2％）、キリスト教徒（0.7％）、ヒンズー教徒も何ら制限なく暮らしている。特にイスラム教に関しては、国中にイスラム・レストランも多く、いわゆるハラル食品（イスラムの人用の食品）も手に入りやすい。

4）ワイ

タイ人は、あいさつとして日常、胸の前で手を合わせてお祈りのような行為を行う。これは「ワイ」といわれ、本来、宗教の儀式ではないが、仏様にハスの花をささげる際の行為から習慣として行われている。ただ、外国人から見ると仏教国ということもあり、いたるところで「ワイ」をされると非常に穏やかな気持ちになり悪い気持はしない。これもタイが“ほほ笑みの国”といわれる一つの要素である。自己開示の返報性にもかかわり、微笑まれると、こちらも微笑んでしまう（ただし、文化に基づいているので注意点もいくつかある)。

5）王国

タイは王国であり植民地になったことはない。タイは属国あるいは植民地になりそうな危機には何度も遭遇しているが、したたかで粘り強い政治力を駆使して時代の荒波を乗り越えてきている。また、国民の間に格差が存在するにもかかわらず、タイ人はそれを容認しており、また、上流階級の人たちも貧民を排除しないところがある。たとえば、上院選挙の被選挙権は、いまだに、大卒以上である。また、世界の要人が宿泊するバンコクのオリエンタル・マンダリンホテルのすぐ前には、庶民のための屋台が共存するし、最先端の医療を受けることができるバムルンラード・インターナショナル病院を出るとすぐに屋台がでている。

（4）タイモデル＝拡張ダイヤモンド・モデル

筆者はまず、マイケル・ポーターのダイヤモンド・モデルの４つの条件の「①要素条件」は、メディカル・ツーリズムがサービス産業であるために「人的資本」と読み替えて、他の３条件「②需要条件」「③関連産業・支援産業」「④企業戦略・構造・競合関係」にメディカル・ツーリズムの要素を落とし込んだ。

しかし、さらに、拡張的追加条件として、上記の重要な要素が必要なため、スパ産業を「⑤移行（前段階）産業条件」として、また、タイ固有の「⑥文化的背景条件」を加えた「６要素の拡張ダイヤモンド・モデル」としたものが、【図３-３】である。

マイケル・ポーターは、「ある国の産業が、競争優位を保てるのは、その国の属性にあり、その属性は、大きく４つに区分され、それぞれ個別に、またはひと

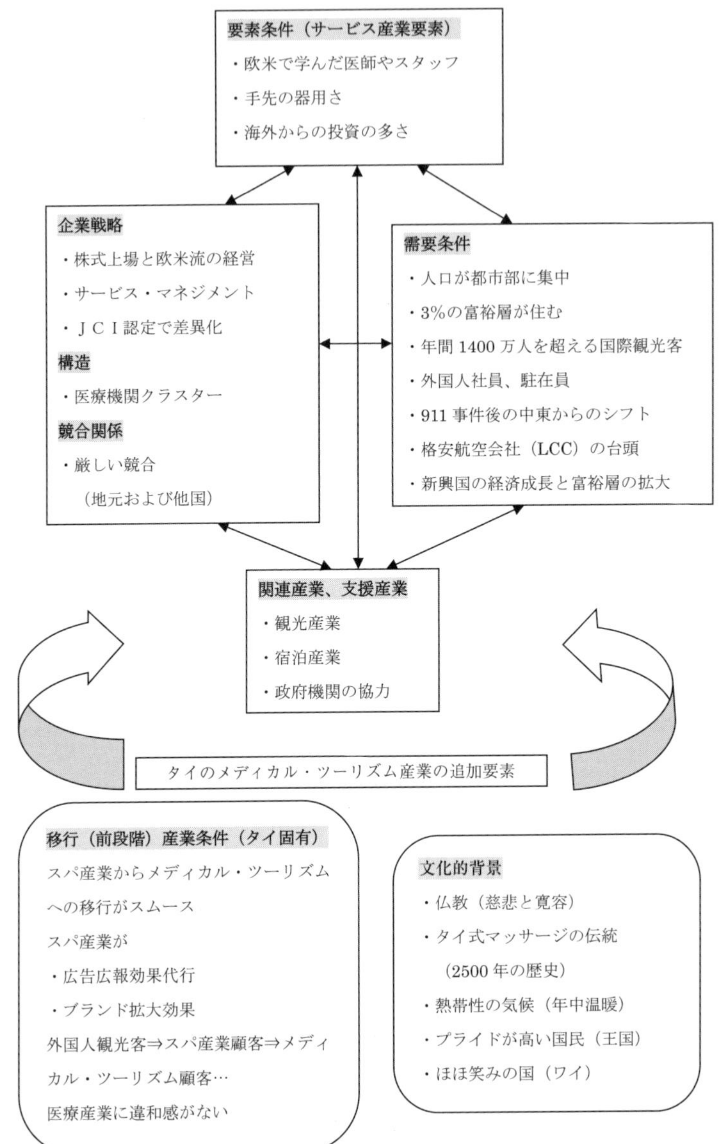

【図 3-3】タイのメディカル・ツーリズム産業に対する拡張型ダイヤモンド・モデル

出所：Porter［1999］のダイヤモンド・モデルをサービス産業用に修正して筆者加筆作成

つのシステムとして、その国の競争優位を示すダイヤモンドを構成する。」と述べたが、まさに、タイのメディカル・ツーリズム産業は、マイケル・ポーターの示す４つの条件すべてにおいて、他の国の同様の産業に対して競争優位に立っており、さらに固有条件として付加した２条件もその競争優位に貢献しており、タイのメディカル・ツーリズム産業がマイケル・ポーターのダイヤモンド・モデルに当てはまることが明らかになった。

３．アジアにおけるメディカル・ツーリズムの勃興（２）——韓国モデル＝５％ルールモデル

（１）もともと日本と同じメディカル・ツーリズム後進国

韓国保健産業振興院［2010］によれば、韓国におけるメディカル・ツーリズムの動きが加速したのは、2008年９月22日に韓国政府が今後60年間韓国経済を導く新成長動力として６大分野22業種を選定したその中の一つとして、「知識サービス」の中に「ヘルスケア」産業がはいったことに起因している。

「健康維持、疾病の予防、軽減、治療のため適用される科学及び技術上の全てのサービスを提供する産業として雇用創出の効果が大きい代表的な知識サービス産業である。“《ビジョン及び目標》2018年ヘルスケアサービス先導国家の実現”」。

この考えと輸出重視が合体して、“MEDICAL KOREA”が生まれたといえる。

（２）韓国モデルの４つのポイント

韓国の推進力となったのは、４つのポイントとそれを支える５％ルールモデルや制度改革である。それらの制度は国民を説得する材料として有効に活用された。

1）登録制度

まず一つ目は、登録制度である。メディカル・ツーリズムのプロモーションでは結果の数字の把握が最も大切な指標のひとつであるが、韓国は、３種類の登録制度を並立させて数字の把握に力をいれている。

2）ブランド戦略

第2はブランド戦略“MEDICAL KOREA”である。前述の登録制度をとることで、現場の動きつまり外国人患者数を正確に把握することができたが、統一のテーマとなる韓国医療ブランド“MEDICAL KOREA”を2009年12月に立ち上げている。韓国の強い点は、この医療ブランド構築にある。2009年12月に韓国医療ブランドSmart Care “MEDICAL KOREA”を発表して、あらゆる関連パンフレットにこのブランドを登場させている。ブランドコンセプトは“Safety & Quality”で「Safetyは医療の本質価値、すなわち安全であり、Qualityは韓国医療の頂点、すなわち高度な先進レベル」を意味している。

3）メディカル・コール・センター

第3は「メディカル・コール・センター」である。これは外国人患者の韓国医療利用のための医療相談サービスで、24時間体制で6ヶ国語（韓国語、英語、日本語、中国語、ロシア語、アラビア語）で対応する。外国人患者の不便やクレームの処理（医療事故の発生時、紛争の仲裁および調停）、緊急状況に関連した迅速な支援（旅行中の事故や病気、感染症や自然災害発生時）、韓国医療機関（病院）の安全利用案内（日本語の通じる病院、ビザの相談、入院や治療のプロセスの案内）などを受けつける。また、連絡先は市内の至る所に掲示されており、また、番号を載せた小冊子を観光客が立ち寄りそうな所に置いてある。言語の不安を解決するのに役立つと考えられる。

4）ワンストップ・サービス・センター

そして、第4は「ワンストップ・サービス・センター」（2010年4月現在、2か所に設置）である。国際患者だけではなく観光客にも韓国のメディカル・ツーリズム“Medical Korea”を理解してもらうために設置している。ひとつは、ソウル市内の「メディカル・ツアー（医療観光）案内サポートセンター」で、もうひとつは仁川国際空港で、医療観光客のためのミーティングポイントを設置して、医療観光の情報及び一般の観光情報を提供している。

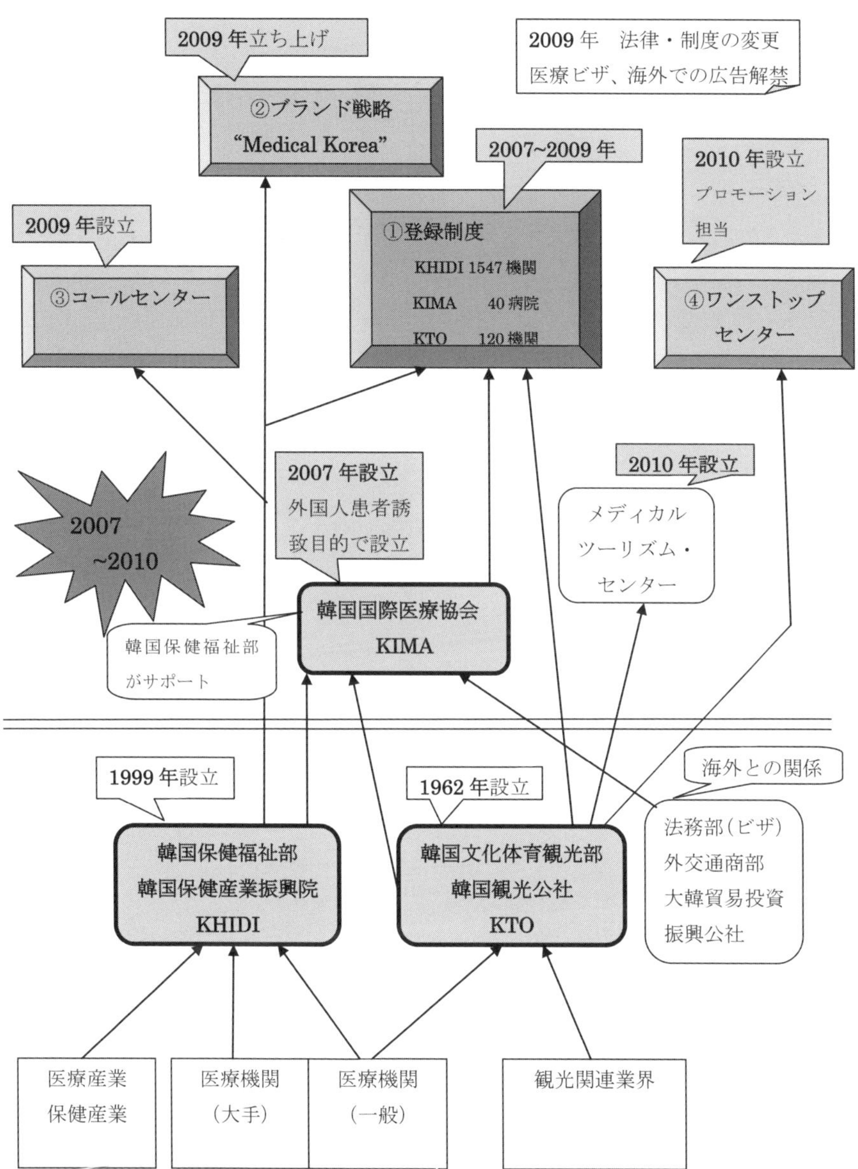

【図3-4】韓国のメディカル・ツーリズムの流れ
出所：ヒアリングにより筆者作成

（3）5%ルールモデルと法律・制度のサポート

韓国は、メディカル・ツーリズムについての「国民への説明」では、外国人入院患者がベッド数の5%を超えないように制限する配慮も行っており、国民のメディカル・ツーリズムに対する理解を得る努力をしている。

また、外国人患者を受け入れる理由について、国民に対して「現在病院級（韓国の病院の規模を表わしている）以上の大病院の病床稼働率の78%（2007年）を94%にするだけで250万人の外国人患者の受け入れが可能になる」と明確に説明している。つまり、国民の医療費追加負担なしで、医療機関の収益増大や雇用創出が可能であり、国民経済に寄与するということを説いている。

そして、これらの動きをサポートしているのが、2009年に導入された①医療ビザと②海外での広告活動の解禁である。その結果、韓国のメディカル・ツーリズムが“後発国”から“新興国”になる大きな動きになったといえる。

4．まとめ

メディカル・ツーリズムが世界で盛んになっており、特にアジアで勃興している。メディカル・ツーリズムが発生する利用者側の要因には大きく3つあるといわれている。それは「コスト（治療にかかる費用）」「アクセス（医療にかかりやすさ）」「医療の質（治療の技術）」である。

また、メディカル・ツーリズムが発展してきた背景は、いろいろ考えられるが、各国の医療制度の問題以外に、グローバリゼーションの波及、情報化の進展、消費者意識の変化がある。具体的には、インターネットの普及、テクノロジーの発達による医療技術の発展、経済発展による富裕層の増加、人口構造の変化に伴う長寿・高齢化、患者の考え方の変化による観光の付加、ロー・コスト・キャリア（LCC）の登場による移動コストの減少、などとなる。これらの要素が重なって、メディカル・ツーリズムの発展が促進された。

人類が、健康や疾患を持たない生活を究極的に求めるがゆえに先進国では医療技術の研究が進み高度化が進んだ。また、途上国であってもたとえばインドであればIT、東南アジアであればヘルスといったように、戦略的に新しい分野に参入し、産業としての発展を狙っている。つまり、総合的な経済レベルでみた中進国でも「メディカル・ツーリズムの先進国」になれることを意味している。

しかし、日本では、現実的にはメディカル・ツーリズムの推進は難しいと思われるが、メディカル・ツーリズムは広義のヘルス・ツーリズムの中核をなしており、後述の温泉利用等で大きく期待されている分野であるといえる。

そこで、メディカル・ツーリズム「先進国」といわれるタイや、日本と同じように「後進国」といわれていた韓国のメディカル・ツーリズムの推進方法は日本のメディカル・ツーリズムへの示唆に富んでいるため、今後の日本におけるメディカル・ツーリズムの発展に対して役立たせることができるのではないかということを検証し、その成功要因をモデル化した。

1）「タイモデル」（＝拡張ダイヤモンド・モデル）については、

①需要・市場要因＝9.11事件の影響

②前段階産業要因（スパ等）

③ホスピタリティ文化要因

特に②③を、マイケル・ポーターの4要因のダイヤモンド・モデルに追加し、6要因モデルとして拡張した。

2）「韓国モデル」については、

①もともと日本と同じレベルから急成長

②ワンストップ・ブランド化モデル

③5％ルールモデル

を明らかにした。

ところで、日本のメディカル・ツーリズムについては、①検診・健診の内容（例：PETなどの検査医療）、②医療機器の質と量、③先端・先進医療の技術（例：重粒子線治療）、など日本の優位性を示すことができる分野も多く存在する。

しかし、大きくは、

①日本では混合診療が難しく、国際競争力のある価格へ自由化することが制度上難しい、医師会等の問題

②外国人患者を受け入れるキャパシティ問題（病床規制等）

などの問題があり、国民への説明と日本医師会のスタンスなどの点がある（韓国はこのキャパシティ問題を5％ルールでクリアした）。

その他にも、③言語問題、④責任分担問題、⑤医療ビザ問題、⑥情報発信、⑦

国際医療機関認定の取得問題など多くの課題が存在し、現時点では、メディカル・ツーリズムの本格的な取り組みは日本では難しいといわざるを得ない。

したがって、本書では、日本においては「メディカル・ツーリズム」を含む広義の「ヘルス・ツーリズム」の可能性を以下で検討する。

次章Ⅳ章では、日本観光の現状について訪日外国人観光も含めて考察する。

[第Ⅲ章の注]

（注1）タイ・マッサージ

タイ・マッサージは、インドのヨガと中国のツボ指圧をタイ風にアレンジしたもので、18 世紀頃、ラマ 3 世がワット・ポー（寺院）にタイ・マッサージの教育施設を開設し、技術の完成と後継者の成育に努めたという。今でもワット・ポー境内には当時の図解が残されており、その伝統は現代に受け継がれている。タイ・マッサージではへそから全身に向かって広がる「エネルギーライン」と呼ばれる 10 本のラインに沿ってツボを刺激し、器官や腺の病気を整え、毒素を排出するよう促す（タイ国政府観光庁ホームページより）。

第Ⅳ章　タイにおけるマッサージから スパへの高付加価値化

1．タイのヘルス・ツーリズムの概観

（1）タイのヘルス・ツーリズム

タイの「ヘルス・ツーリズム（メディカル・ツーリズム及びスパ、エステを含む名称）」は、観光産業において付加価値サービスと考えられるようになってきた。2009年の方針は、“価値のある、印象深い経験を提供し、多様性のある質の高いデスティネーションとして位置づけられるタイランド”を目指しているとなっている。海外の市場においては、ヨーロッパ、東アジア、中東等のキーマーケットを中心に展開しているが、すでに、ベトナム、フィリピン、インドネシア、ロシア、CIS諸国、そして中東（UAE、サウジアラビア）は現在の市場規模は小さいが、高い成長率を見せている。

（2）観光産業として

タイは観光の多様性を推進するために、旅行者に“幸せ”になる7つの方法を提供している。その一つは、“健康と幸福の美”で精神的だけではなく、スパ、瞑想、現代の医療行為による肉体的なものも含めている。

海外のトラベルマートに積極的に参加して、ドイツのITB、英国のWTM、UAEのATM、ロシアのMATIW等のトラベルマートには2007年から参加し始め、2010年の6月のTTM（Thai Travel Mart）にも参加した。タイにとってツーリズムと一緒になったヘルス・ツーリズムのマーケット・プロモーションは旅行者にとっても魅力的である。2008年は145万人以上の国際患者が、メディカルチェック、入院等でタイに来ている。彼らが生み出す収入は450億バーツ（約1260億円）で、もし、同伴者が消費すると約900億バーツ（約2500億円）に膨れ上がる。

（3）ツーリズムにおける「タイ国政府観光庁 TAT」の役割

ヘルス・ツーリズムに関する公式なプロモーションは、1999年からである。2004年タイ国政府は、2004年から2008年までの5年間、タイを「アジアの健康センター」と政策的に位置付けた。この政策は、すでに強力にメディカル・ツーリズムを宣伝していた有力な私立病院と考え方が一致して、さらに急速に国際患者が増えたことになる。

現在、TATとしては、メディカル・ツーリズムの対象は、次の2パターンと考えている。まず第1に、特にタイで医学治療を受けるために来る外国人であるメディカル・トラベラー（ツーリスト）で、患者の同行者や旅行者として再訪する回復した患者も含まれる。第2に、旅行会社によって提供されたタイの観光および医療目的のパッケージを購入する人である。例えば、歯科治療、眼のレーシック治療、ヘルスチェック（健康診断）、視力検査や眼鏡の作製、ほかに手術を伴わない美容がツアーに含まれることがある。TATは、この2つのカテゴリーの両方に重きを置いている。

そして、タイは、インド、シンガポール等に比べて次の2つの点で優位に立っていると考えている。①サービスの質、②サービスの可能性とアクセスの良さ（治療のかかりやすさ）、③サービスの費用、④楽しませるアクション（観光）の4つである。

2．タイ・マッサージの歴史

第Ⅲ章第2節で述べたように、タイ・マッサージは長い歴史を経て進化している。スパ産業に触れる前に、タイ・マッサージの歴史を振り返る必要がある。

（1）宮廷医から伝統医療へ

飯田［2006］によると、アユタヤ朝時代、17世紀の後半に記されたとされる「ナラーイ王の薬方」というテキストの中に、宮廷医の中には、マッサージ師という職位があり、宮廷医の中でも比較的高く位置付されていたとされる。医師たちが、マッサージを治療法の一つとして用いたことが分かる。

17世紀後半から20世紀初頭までの間、宮廷医たちを中心として医学知識の集大成が繰り返されたことも分かっている。

19世紀にはいるとタイ医療の歴史的流れが変わってきた。1887年に、タイで最初の王立シリラート病院が開設され、医師の数も限られていたことからアメリカ人医師の西洋医学とともに、タイ人宮廷医たちによる診療が採用された（当時西洋医療は、まだ受け入れられていなかった）。しかし、1915年に伝統医学による診療およびその教育が廃止され、1923年に医療法が施行されて、すべての医療従事者の登録が義務づけられた。その後70年代半ば以降から、伝統医療復興運動が全国に展開するようになったが、そのよりどころは、宮廷医が編纂したテキストや外国人の記録および国是である「民族、宗教、国王」であった。そして、「タイ民族」の重要な要素として「タイの伝統医療」「タイ式医療の制度化」の構築に向かうことになった。

（2）タイ式医療として確立

1990年代になると、政府が政策転換を行い、「タイ式医療の制度化」を推進することになった。1993年には、公衆衛生省医療課に「タイ式医療研究所」が設置され、1994年から2003年まで「タイ式医療の10年」と呼ばれるが、「伝統医療」という言葉は、現代の需要に合わないので、「タイ式医療」と呼ぶことになった。

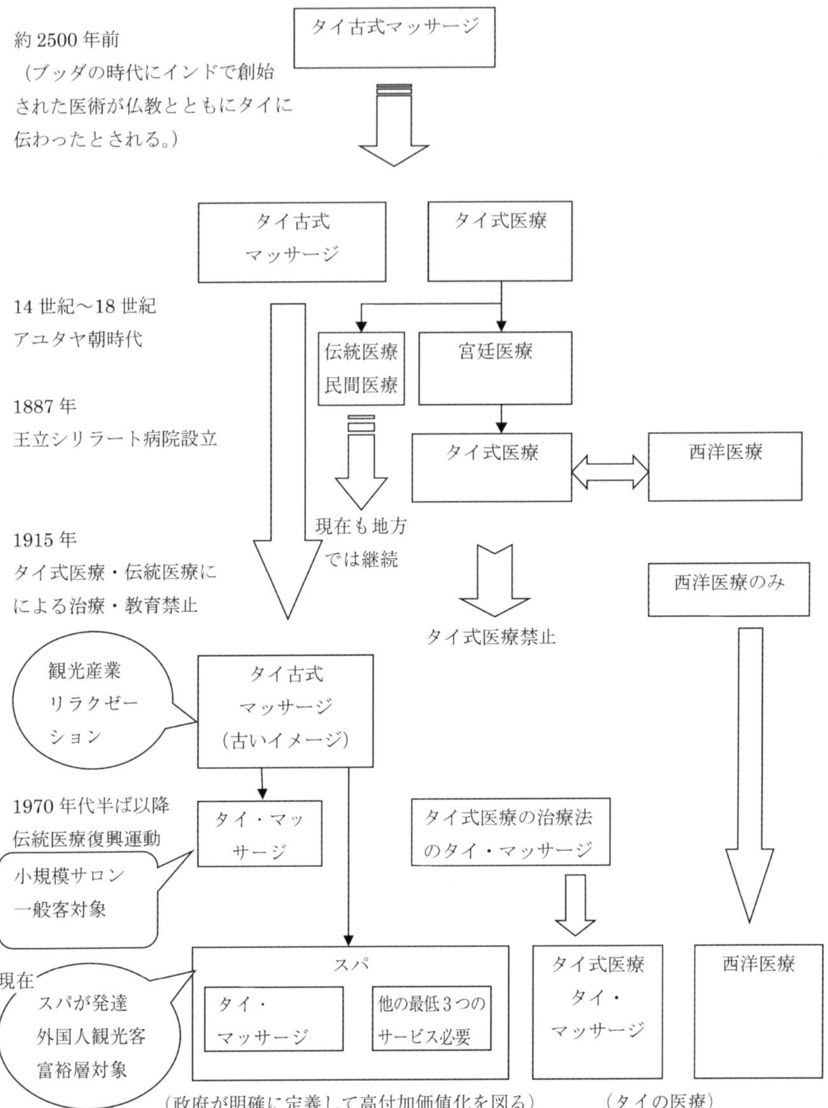

注：ただし、タイ・マッサージ、タイ・古式マッサージという言葉は同じ意味で使われていることが多い。

【図4－1】タイ・マッサージとスパと西洋医療の関係
出所：筆者作成

3．スパの定義と歴史

（1）スパの定義（国際スパ協会）

スパの定義は国によって少しずつ異なるが、国際スパ協会ISPAホームページによると「スパは、心、身体および精神の再生を促進するための様々なプロフェッショナル・サービスを通じて全体的（トータル）心身の調和（健康）に専念する場所である」としている。

それでは、「温泉」と「スパ」の違いは何であろうか。光武［2010］によれば、「温泉」は一般的に健康づくりに貢献し、病気療養にも利用され、精神的にも身体的にもリフレッシュし、また美容効果もありレジャー先としても利用される。「スパ」の目的・役割とも重なるが、大きな違いは「人的なプロフェッショナル・スキルのよるサービス」を必要とされるか否かである。

また、温泉は泉質や温泉の場所による違いはあっても、温泉自体が提供するサービスやそれがもたらす価値はそれほど多様ではない。

しかし、スパはその種類が多様で、提供されるサービスも多いため、複合的に利用されることが望ましく、逆にいえば、スパ・サービスの目的を明確にしておくことが求められる。

（2）タイのスパの定義

タイ保健省のスパの定義【表4－1】によれば、スパ施設は「健康のためのスパ」と定義され、他の「マッサージサロン」や「エステティックサロン」とは別になっている。

しかも、サービス内容も規定されており、「古式マッサージやオイルマッサージを主に施術し、それ以外に最低3つのサービスを実施することが、義務付けされている。

サウナ、ジャグジー、フィットネス、ヨガ、瞑想、ハーブ、食事などで、健康目的だけではなく、代替医療を目的とした製品（製薬）を適宜利用しながら健康管理・促進を目指すもの」となっている。

そして、「スパ施設」の概念は、「マッサージサロン」「エステティックサロン」

と比べて、要件・基準がきびしく、付加価値が高くなっており、対象も富裕層となっている。

（3）スパの歴史

光武［2010］によれば、1900年代初期にイギリスの「ヘルスファーム」と呼ばれる高級健康増進施設が誕生して、そのコンセプトがアメリカにわたり、これをベースに「ファットファーム」といわれる施設を作った。これが「デスティネーション・スパ」(注1)へと進化する。「ファットファーム」は厳しい食事制限やエクササイズを取り入れ減量のための厳しい管理下に置かれていた。ただ、楽しさがないと続かないため、おいしい食事や温浴・水浴を利用してのエクササイズ、身体をトリートメントする原料を取り入れて進化してきた。1987年の金融危機（ブラックマンデー）が起きた際にコーネル大学がホテル業界の依頼で調査して、宿泊客がストレスを抱えており、それをいやすサービスがホテルに求められているということで、ニューヨークのホテルにフィットネスに併設される形でアロマ

【表4－1】タイ保健省によるスパの定義

カテゴリー	保健省による定義 （サービス・コンテンツ）	備考
健康のためのマッサージ（マッサージサロン）	筋肉の疲れ、痛み、ストレスを緩和するマッサージを提供。	保健省の通達により、バスルームの利用が認められない。
美容のためのマッサージ（エステティックサロン）	美容等に代表される施設において、美容のためのマッサージ／トリートメントを提供。	宿泊施設は含まれない。
健康のためのスパ（スパ施設）	古式マッサージやオイルマッサージを主に施術し、サウナ、ジャグジー、フィットネス、ヨガ、瞑想、ハーブ、食事、健康目的だけでなく、代替医療を目的とした健康管理・促進を目指すもの。＊保健省の通達により古式・オイルマッサージ以外に最低3つのサービスを実施することが義務付けられている。	

出所：経済産業省〔2007a〕

テラピーやマッサージを提供するスパが誕生した。スパは高級ホテルに付加価値をつける際に欠かせないものになっている。

4．スパ産業

（1）タイのヘルス・ツーリズム概観

タイのヘルス・ツーリズム（メディカル・ツーリズム及びスパ、エステを含む名称）は観光産業において、付加価値サービスと考えられるようになってきた。

ヘルス・ツーリズムに関する公式なプロモーションは、1999年からである。伝統的なタイ・マッサージ、ナチュラル・テラピー、伝統医療あるいはウェルネス、スパ等を通し始まった。国際旅客の反応はよく、結果的にヘルス・ビジネスに大きな成果をもたらし、1999年から2002年にかけては、年平均40％を超える増収になった（2009年9月タイ国政府観光庁バンコク本部ヒアリングによる）。

（2）スパ産業における労働市場

2006年度現在、タイ保健省が認定するセラピストは、約4万人でそのうち、スパ部門のセラピストとして認定されているのは約1万人で、さらに、タイ古式マッサージの資格取得者・経験者が約2万人程度存在するといわれており、潜在的なスパ・セラピスト人口は、更に多いと考えられる。ちなみにタイ・スパ協会によると、国内でのスパ・セラピストの平均年収は5000～6000USドルである。医療に近い産業としてこれほどまでに大きな産業として育っている。

また、タイにおける「スパ・セラピスト」は「タイ古式マッサージ師」が所有する主義による癒しに加え、「水」「香り」「食事」等を用いた総合的な癒しの技術・知識を備えているところにその特徴がある。逆に、タイ古式マッサージ経験者などにアロマセラピー、ハイドロセラピー等の追加教育を行うことにより、高付加価値なサービスを提供するスパ・セラピストを育成する傾向もみられる。

（3）タイ国政府のプロモーション

タイ国政府は2004年から2008年までの5年間、タイを「アジアの健康首都」と政策的に位置付けて、さらに、アジアで最高の治療と健康増進サービスが受けられるアジアの「メディカル・ハブ」として確立するため、スパや病院などの施設への奨励政策をとっている。近代的な施設・技術を備えた病院やタイ伝統のマッサージを取り入れたスパを奨励し、タイ原産のハーブの品質管理を行っている（タイ政府観光庁ホームページより）。このような背景から、先述のように、スパは、2008年には2004年の3.4倍にまで膨らんだのである。

その流れの中で、移行（前段階）産業条件のスパ産業は、次節で述べる2つの機能、すなわち広告代行効果とブランド拡大効果を持っていることがわかった。

5．スパから学ぶ高付加価値化戦略

（1）構造転換の事例

日本における湯治は実質医療の役割を担っていたが、阿岸［2005］によると1876年日本ではドイツ人E．ベルツが「ドイツ温泉気候学」を導入し医療として機能し始めた。同様に、飯田［2006］によれば、タイでは1870年王立シリラート病院ができたと同時にタイ・マッサージが「伝統医療」として取り扱われた。しかし、大きな違いは、タイのマッサージではマッサージ師が施術を行うのに対して、日本の湯治では温泉につかっていたという点が大きく異なる。そのため、タイでは、タイ・マッサージが医療とみなされなかった時期もあったが、復権して「タイ式医療」として現在も存続する一方では、「スパ」という形で高付加価値化を果たして、多くの国際観光客や富裕層に受け入れられている点が大きく異なる。日本では、現在まで温泉は基本的に温泉につかるだけという考えがあり、そこに付加価値をつけて行く発想は育ってこなかった。

経済産業省［2007a］によれば、タイのスパはタイ・マッサージ自体と大きく区別されタイ・マッサージの要素を取り入れながらも最低3つ以上のサービスを行うことを義務付けて高付加価値化に成功している。タイ・マッサージやエステと差別することで付加価値をつけて、さらにマッサージ師にアロマセラピーやハイドロセラピーの技術を教え、訓練を課すことでスパ・セラピストにした点が、人材養成や雇用の面でも貢献したといえる。

日本においても「温泉に入る」だけではなく、どのように付加価値をつけるかを考えることが必要になってきているが、タイのタイ・マッサージと高付加価値化に成功したスパの共存は日本にとって多くの示唆に富んでいる。

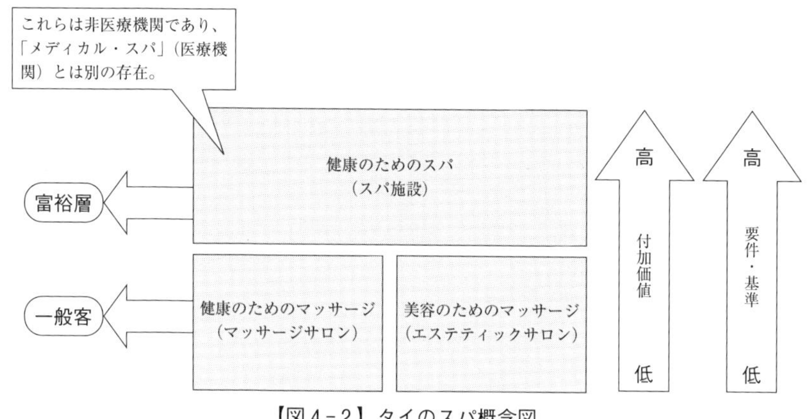

【図4－2】タイのスパ概念図
出所：経済産業省［2007］

（2）広告代行効果とブランド拡大効果

1）広告代行効果

タイでは、スパにより、メディカル・ツーリズム自体の広告ではないが、メディアを通して、あるいは文字媒体で、“健康にやさしい国”“ホスピタリティあふれる医療”というイメージを世界に知らしめることができた。すなわち、

①スパ産業が広告をうつ。

②それにより「ホスピタリティの国」としてのイメージが形成される。

③その結果、メディカル・ツーリズムに対しても、広告効果が生じる。

という付随効果があると考えられる。

2）ブランド拡大効果

国際観光客、外国人患者いずれにとっても、国の文化的背景が、人に優しく、スパで施術される手技が、やさしい医療をイメージさせる“疑似医療”の効果を果たして、不安を取り除く、治癒できるという安心感にも結びつけるブランド拡大効果をもたらしているといえる。

つまり、タイへの外国人観光客は、1415 万人（2009 年、日本政府観光局 JNTO［2010］）で、国際患者は、145 万人（2008 年、タイ国政府観光庁ヒアリング）で、外国人観光客の約 10％を占めることになる。

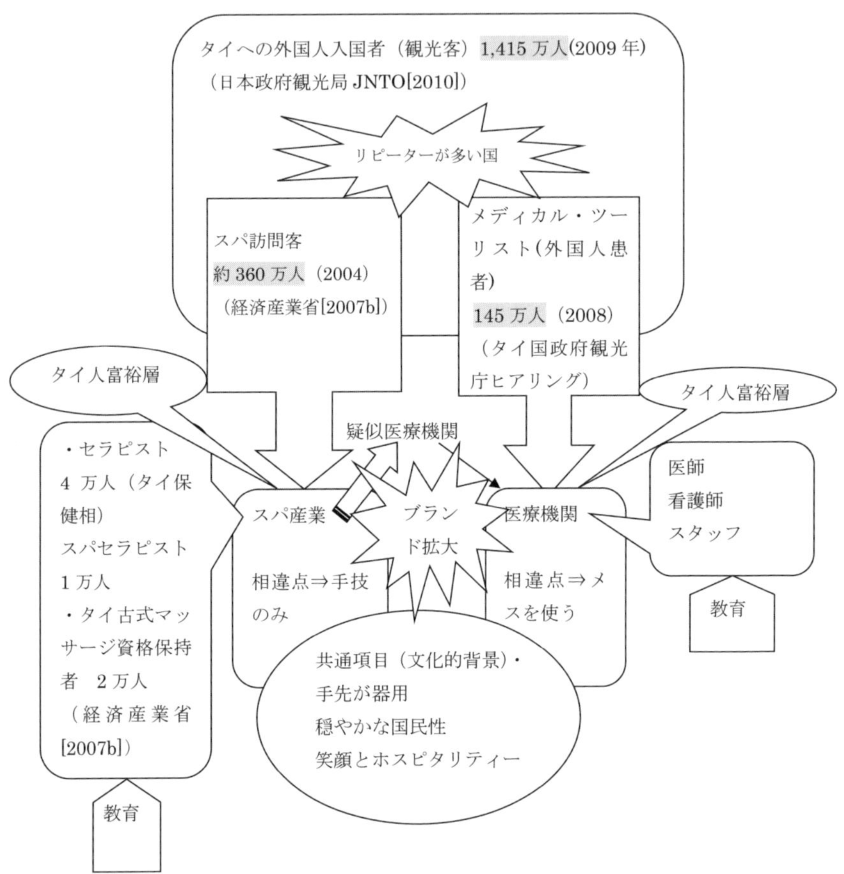

【図 4－3】タイのメディカル・ツーリズム勃興の背景サービス産業のブランド拡大
出所：筆者作成

また、スパ訪問客は、2004 年のデータになるが、約 460 万人で、外国人観光客の 4 人に 1 人が訪れていることになる。

そして、セラピスト（治療士、療法士）が、4万人いるうち、約1万人がスパ・セラピストで、タイ式マッサージ資格保持者が約2万人おり、彼らは教育を受けてスパ産業に従事している。私立病院には、教育を受けた医師、看護師、スタッフがいる。

スパ産業においては、手技のみで、医療器具は使用しないが、「疑似医療行為」の役目を果たし、そのまま、外国人が、スムーズにタイの病院で治療を受けることを容易にしている。

移行（前段階）産業条件のスパ産業が、広告代行効果機能を果たし、さらに、スパ産業からタイ医療、メディカル・ツーリズム産業への違和感のない移行を助けている。そして、スパのブランドが、メディカル・ツーリズム産業のブランドに拡大するというブランド拡大効果機能を果たしている。これら2つはタイ独自の機能であるが、それが他の要素や環境とあいまって、メディカル・ツーリズムの分野で圧倒的な競争優位をもたらすことに貢献しているといえる。

6．まとめ

世界でメディカル・ツーリズムが盛んになっているが、特にアジアで勃興している。タイのメディカル・ツーリズムは国の政策的後押しもあり、また、アジア通貨危機で医療の輸出、国際化を進めることが喫緊の課題になった。さらに9.11テロ事件が発生して、イスラムの富裕層を含む外国人患者いわゆる国際患者がそれまで米国で治療を受けていたものが、入国できなくなりアジアのタイやシンガポールの医療機関に押し寄せてきたという経緯がある。

筆者は、辻本［2011］でその産業としてのメディカル・ツーリズムを支えたのがスパであることを明らかにした。この場合のスパは温泉ではなく、「プロフェッショナルなサービスを提供する」ものであるが、その原点はタイ・マッサージで、形態は異なるが日本の温泉と同じくタイ・マッサージもそれぞれの国で長い歴史を誇り、さらに国民だけではなく外国人にも親しまれているという共通点がある。

タイ・マッサージが構造転換してスパとなり、そのスパがメディカル・ツーリズムを大きく支えていることから、高付加価値化による観光再生のモデルといえる。

これが温泉が構造転換する可能性のヒントになる。

次章、第Ⅴ章では、日本の温泉地・旅館の現状について述べる。

［第Ⅳ章の注］

（注1）デスティネーション・スパ

国際スパ協会によると。健康習慣の向上を目的とした個人を指導することを主な目的とするスパのことを指す。

第Ⅴ章　旅館と温泉地の現状

1．旅館と温泉地の現状

（1）旅館の定義

旅館業法によると、旅館とは、「和式の構造及び設備を主とする設備を設け、宿泊料を受けて、人を宿泊させる」ところである。

温泉地とは、一般社団法人日本温泉協会によると「働く人々が余暇を利用して心身を休め健康の増進を図り、時には疾病を治療する場所であった」ということができる。

また、温泉地は宿泊施設がある場所を指し、日帰り施設のみの場合は含まれない。

（2）旅館数と温泉地数の現状

環境庁［2009］によれば、日本には、温泉地の数は3170あり、源泉総数は2万7825存在する。また、温泉地の延べ宿泊人員は、年間1億2793万人に及ぶ。

温泉の現状をみると、温泉地数は年々増加しているが、宿泊施設数は1995年をピークに年々減少している。また、延べ宿泊利用人数も1992年をピークに少しずつ減少し始めている。

逆に、「温泉利用の公衆浴場」の数は30年前の3倍7913（2009年）まで増加している。この数字から、「温泉利用の公衆浴場」の増加が宿泊利用者数の減少にも影響を与えていると考えられる。そして、一般公衆浴場数と温泉利用の公衆浴場数を比べると、「温泉利用の公衆浴場」が増えているのが分かる。

また、旅館が明らかに減少傾向にあるのに対して、ホテルは数字としては小さいが年々増えており、消費者や利用者のニーズにマッチした形態に進化しながら増えていると考えられる。

2．温泉と温泉地

洋の東西を問わず、温泉は、古くからさまざまな形で健康とかかわりを持ってきている。特に日本は、世界でも有数の温泉国といわれ、湧出量が多く、ほとんどの日本人は温泉に親近感を持っていることはすでに述べた。

（1）温泉の定義

温泉の定義は、1948（昭和23）年に制定された「温泉法」により、「地中からゆう出する温水、鉱水及び水蒸気その他のガス（炭化水素を主成分とする天然ガスを除く。）で、次の温度又は物質を有するもの」と定義されている（環境省自然環境局ホームページ）。

1）温度　条件は（温泉源から採取されるときの温度）摂氏25度以上
2）物質　条件は温泉法に掲げるもののうち、いずれか一つ

（2）旅館の重要な転換

次に、「湯治客」が「温泉観光客」に変わった変遷を考えてみたい。

1802年の箱根湯本の「一夜湯治事件」は日本旅館史に残るできごとであった。当時、幕府は「旅籠は1泊限り」「湯治宿は7日単位の滞在」、つまり、それまで「長期滞在、素泊まり、自炊」を原則としていた湯治宿に、伝馬役（公租賦課）の負担を増やすことを前提に「一泊の客でも宿泊を認める」ということになった。「療養目的の連泊」を前提としていた湯治宿も一泊客をとれるようになり、それで賑わうようになった箱根湯本の湯治宿とそれまでどおり一泊が原則の小田原の旅籠屋との間でもめごとが起きた（井門［2003］）。

その結果、湯治場が「一夜の遊興の場」へと傾斜していき、多くの湯治場が、この事件以降「連泊・滞在して、心身の回復を目指す」目的から、「遊興の場」に変化し、現在に至るまで栄えてきたのである【図5－1】。

ただ、昨今の健康重視の流れの中で、旅館は「湯治宿」へ回帰する時が来たともいえる。昔ながらの湯治だけではなく、健康につながる、観光、運動、ヘルス・ツーリズム、食などの多彩な健康素材ともいうべきものを取り込んで、温泉

の再生と宿泊客の健康の増進、回復を推進することを目指しつつある。本来の「湯治」という言葉の意味から、広い意味での健康増進や健康保養を含み、観光交流人口の増大につなげていく方向性になったといえる。

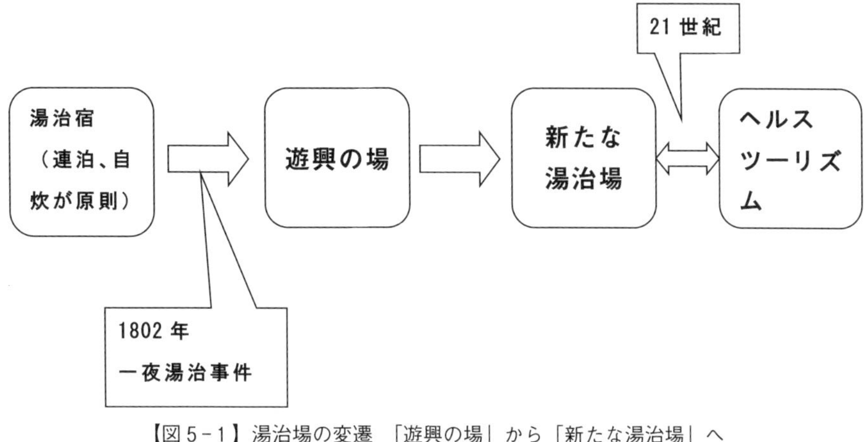

【図５－１】湯治場の変遷　「遊興の場」から「新たな湯治場」へ
出所：筆者作成

（３）温泉地の旅館の現状

しかし、残念ながら、旅館サービスにおいては、昔ながらの「一夜遊興型」を前提とした「１泊２食付き」が標準で残っている。一部では「泊食分離」を進める温泉地も出てきはじめているが、今までの旅館の施設・サービスや料金制度は、いわば「経済成長期に遊興目的でやってきた人々」を対象としており、「癒しを目的にやってくる生活者」市場にマッチしていないといわざるを得ない。

多くの旅館は、金融機関から過大な融資を受けて巨大な投資を行い、ビジネスを大きくして、利益が出るとさらに投資をして行くという形であったが、バブルが崩壊し、経済の成長が望めない現在は、人員コストの削減でサービスが低下したり、外資や大手資本の傘下で画一的な業態へ転換したケースも多くみられる。

地域からみれば、旅館の囲い込みの影響で地域の商店や飲食店が衰退したとみることも多い。また、旅行業者をはじめ、地域と関係者との間でしがらみが多く、旅館は思い切った転換ができないことも現在の旅館の衰退の理由に挙げられる。

旅館再生には、「市場にマッチした温泉旅館」というビジョンを目指す姿勢が大切であり、組織の活性化とともに顧客が求めているものを取り入れることが重要になる。旅館がこうした「現代的な湯治場」的な感覚を取り入れれば、経営がうまく軌道に乗る可能性もある。

また、地域経済において、温泉旅館は観光をなりわいにしている地域では中心的な役割を果たしている。温泉旅館は１軒で営業しているケースはほとんどなく、数軒から100軒を超える規模で温泉街・温泉地を形成している。つまり、温泉旅館は、労働集約的産業で人手が必要になるという意味では、重要な雇用の場となっている。温泉街が大きくなればなるほど雇用吸収の規模が大きくなる。ただしこのことは、労働生産性の低さ経営効率の悪さという点にもつながるので問題点でもある。

一方、産業構造の面から見れば、すそ野の広い業種で、営業上必要な資材やサービスを地域の業者から仕入れているため、旅館の廃業あるいは温泉地の消滅は地域経済に大きな影響を及ぼす。

３．旅館の経営状態

（１）旅館経営の特徴

1）旅館の経営構造

日本の旅館においては、所有・経営・運営機能が一体化している場合がほとんどである。 このように機能が一体化しているのは、

①第一に、旅館ビジネスが地方で発達してきたためオーナー企業による事業という色彩が強かった。

②第二にそもそも旅館の不動産（土地・建物）としての流動性が低く、投資対象になってこなかった。

③そして、第三に旅館ビジネス自体の地域性が強く、全国チェーン展開する企業が出てこなかった。

などがあげられる。

2）これまでの旅館の伝統的ビジネスモデル

旅館の宿泊料金は１名あたり１泊２食の料金形態が多く、「泊食分離」が増え

てきてはいるが、１泊２食をセットが主流である。

１名単位で料金を設定しているため、旅館の業績指標は必然的に宿泊客単位になる。

加えて、周囲に娯楽施設がない場合（特に大型旅館）は館内に娯楽施設や飲食店を併設するため宿泊客の消費を館内に集中させるビジネスモデルになっている。

評価指標も定員稼働率が重視されてきたが、団体客の減少や消費金額の減少でうまく機能しなくなっている。

3）地域経済における旅館の課題

旅館業は、元来、「労働集約型産業」で多くの人手を必要とするため地域における雇用の受け皿になっている。つまり温泉旅館は営業上必要な資材やサービスを地域の業者から仕入れており、数多くの取引業者が存在する。

また、温泉旅館が納付する固定資産税は市町村財政にとって大きな財源となっている。地域の雇用や産業構造面で中核をなしているため旅館業の衰退は大きく地域に影響してくる。旅館や温泉地の活性化は地域の経済面からも重要である。

（2）旅館の経営状況

国際観光旅館連盟［2013］によれば、2011（平成23）年度の国際観光旅館連盟加盟旅館の営業状況から日本の旅館の置かれている状況が見える。

1）黒字・赤字旅館の割合

調査回答旅館194軒のうち「黒字旅館」は84軒、43.4％、「赤字旅館」は110軒、56.7％となっており、約６割の旅館が赤字となっている。規模別にみると、黒字旅館の比率は、大旅館45.5％、中旅館47.2％、小旅館27.3％で、特に小旅館の経営が厳しいことが分かる。

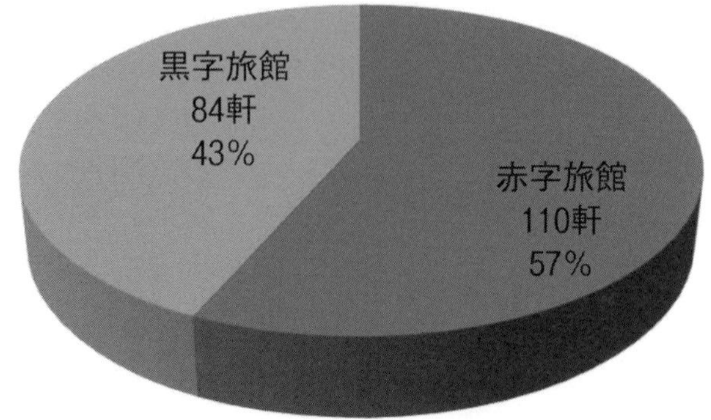

【図 5－2】 黒字旅館・赤字旅館の比率
出所：国際観光旅館連盟［2013］

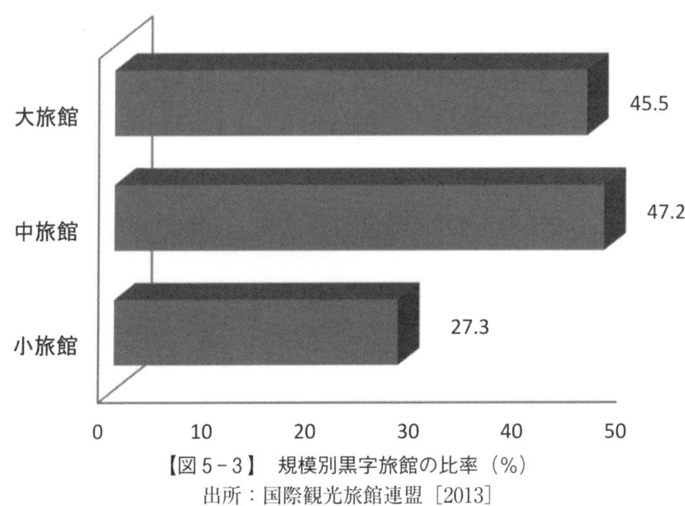

【図 5－3】 規模別黒字旅館の比率（%）
出所：国際観光旅館連盟［2013］

2） 売上高構成比

稼働率の低迷、価格競争の激化で、全体的に宿泊料売り上げ構成比は伸び悩み厳しい環境にあるが、それ以上に宿泊客の旅館、売店の館内消費が落ち込んでいる。

194 軒の平均と「小旅館」の構成比を比べると、宿泊料の売り上げは平均 68 %、小旅館は 64 % と大きな差はないが、大きく異なるのは日帰り観光客の売り上げで、平均の数字と比べて小旅館が約２倍あり、旅館の効率経営に積極的に日帰り客を受け入れていることが分かる。言い換えれば、小旅館の経営にとって、日帰り客の確保も重要になるということである。また、パブリック施設が充実している大旅館、中旅館を含む平均に比べてその他雑収入が顕著に落ち込んでいることが分かるがこの点は施設への投資が難しいこともありやむを得ないと考えられる。

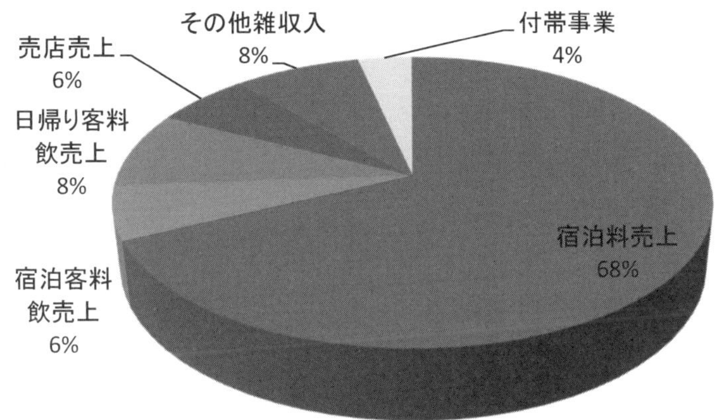

【図５－４】　全旅館（194軒）の平均売上構成比
出所：国際観光旅館連盟［2013］

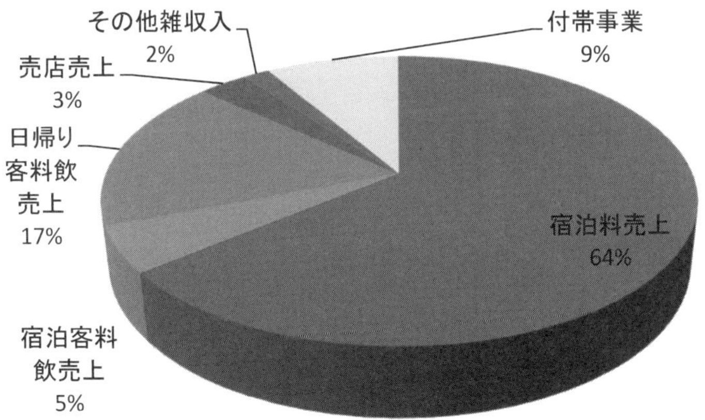

【図５－５】　小旅館（33軒）の売上構成比
出所：国際観光旅館連盟［2013］

3）宿泊客一人当たりの売上高

旅館は、総売上高は規模によってまちまちであるが、「客一人当たりの売上高」を示すことで規模にかかわらずに比較が可能になる。この「宿泊客一人当たりの売上高」に関しては小旅館が健闘していることがわかる。小旅館の方が旅行会社への依存度が低いこともあり、価格競争に巻き込まれる度合いが大旅館や中旅館より低いと思われる。

しかし、一人当たりの売上高が大きくても、宿泊客総数の絶対値が大旅館、中旅館に比べて小さいため、この数値だけでは経営に貢献しているかどうかの判断はできない。

4）定員稼働率

経営状態を知るためには、「定員稼働率」が重要となる。ホテルはシングルやツインが中心であるが、旅館は和室が中心で大きい部屋もあるが小さい部屋もあり、客室稼働率だけでは営業効率が十分に把握できない。しかも団体旅行の減少で１室利用人員が少なくなっているので、如何に定員稼働率を上げるかが重要になる。

小旅館の定員稼働率はきびしい状況になっている。旅館は開業時に投資して宿泊施設を作らねばならず「装置産業」といわれたり、安易にその場所・位置を変更できないため「立地産業」といわれる。

一般的に旅館は施設に対する投資が必要なため「資本集約型産業」ということもできるが、需要に応じて安易に縮小・拡大ができないため、いかに稼働率（特に定員稼働率）を上げるかが重要になる。しかし、現実には小旅館の定員稼働率は年々低下している。

（３）小旅館の損益収支

1）国際観光旅館連盟加盟旅館の損益状況

上記のように、旅館業は「装置産業」や「立地産業」といわれる。

また、借入金は過大になりがちで、その利払いが収益を圧迫していることが多い。国際観光旅館連盟が194軒に対して行った2011（平成23）年度の損益状況調査の結果は次のとおりである。本書で触れる旅館はほとんどが小旅館であり、その収支構造を見ることは重要である（国際観光旅館連盟［2013］）。

国際観光旅館連盟［2013］によると、小旅館（30室以下）の経営は、いろいろな指標からみて中旅館（31～99室）や大旅館（100室以上）に比べて厳しいことが分かる（前年比）。

イ．規模別の１軒当たりの「総売上高」は、大旅館は90.1％、中旅館は98.4％で、小旅館は88.4％と減少幅が大きい。

ロ．１軒当たりの「年間宿泊人員」は、大旅館は98.3％、中旅館は105.7％に対して、小旅館は90.0％で前年を下回っている。

ハ．１室あたりの「年間売上高」は、大旅館は79.4％、中旅館は98.1％に比べて、小旅館は88.6％となっているが、実数としては937万円で一番小さくなっている。

ニ．「定員稼働率」は、大旅館は34.3％、中旅館は35.7％で小旅館は25.7％で、小旅館の定員稼働率は２年連続30％を下回っており厳しい状況となっている。

ホ．「客室稼働率」は、大旅館は57.7％、中旅館は58.7％で小旅館は45.4％と50％を下回り非常に厳しい状況にある。

全体として、小旅館は厳しい状況にあることが裏付けられる。

【表５-１】にある様に営業利益率はわずか0.6％に過ぎず、利息の支払いをすると損失が出る状況になっている。小旅館に限ると、すでに営業利益段階で赤字になっており、明らかに厳しい状況になっている。

この表から読める小旅館の特徴を整理すると、

①旅館の規模による売上原価率や売上総利益率は大きく変わらない。

②販売費および一般管理費が非常に多い（その費用が営業利益をマイナスにしている）。

③営業外収益が営業費用より大きいのでこの部分は健闘している。

【表５－１】国際観光旅館連盟加盟旅館（194施設）および小旅館（33軒）損益平均

（単位：万円）

			194軒損益平均		小旅館33軒損益平均	
			平均	（売上比）	平均	（売上比）
総売上高			87,788		19,513	
	売上原価		21,666	24.7%	4,898	25.1%
売上総利益			66,122	75.3%	14,615	74.9%
	販売費及び一般管理費		65,585	74.7%	15,943	81.7%
償却前利益			6,736	7.7%	43	0.2%
	減価償却費		6,199	7.1%	1,371	7.0%
営業利益			537	0.6%	－1,328	－6.8%
	営業外収益		1,901	2.2%	507	2.6%
	営業外費用		3,188	3.6%	470	2.4%
		（内支払利息）	2,889	3.3%	444	2.3%
経常利益			－750	－0.9%	－1,290	－6.6%
	特別損益		－512	－0.6%	114	0.6%
税引前利益			－1,262	－1.4%	－1,176	－6.0%

出所：国際観光旅館連盟［2013］より筆者作成

２）小旅館の黒字旅館と赤字旅館の損益比較

「30 室以下の小旅館」において、利益を出している「黒字旅館」と損失を出している「赤字旅館」の損益状況を比較してみると次のようなことが分かる。

本書で触れる事例の、竹田市や天草市の旅館はほとんどが小旅館でありその収支構造を見ることは重要である。

売上高平均は差があり、売上原価の売上高に対する比率は大きく変わらない。

しかし、赤字旅館は黒字旅館と比べると、営業利益に対して 20.1％も余計な経費がかかっていることが分かる。特に黒字旅館と比べて差が大きいのは、販売費および営業管理費で 31.7％、管理経費 8.5％、人件費 8.1％、原価償却費 2.7％、営業経費 2.5％などとなっている。

4．旅館の取り組み

（1）健康をテーマにした旅館・ホテルのサービス

古橋［2012］によると、東日本大震災前の2011年1月から2月にかけて東海3県と長野県の中規模の旅館・ホテルおよびヘルス・ツーリズムを提供している医療機関計244社を対象に「健康をテーマにしたサービスの内容」についてアンケート調査を行った。それによると、回答があった79社のうち全体では、「温浴施設」48社、「ウォーキング等の運動」20社、「アロマテラピー」20社、「森林浴等の自然体験」14社、「薬膳等の健康料理の提供」11社などで、旅館に限ると「温浴施設」15社、「アロマテラピー」10社、「ウォーキング等の運動」8社等であった。

つまり、旅館やホテルは、新たな設備投資や専門的な人材の獲得が必要なメニューより、周辺環境を生かしたサービスを提供しているケースが多く見受けられた。さらに「集客数との関係」については、回答した半数以上の施設において、健康をテーマとしたサービスを提供していても、「新規顧客の獲得」「既存顧客の獲得」につながっていないという結果が見られる。この結果から、ただ単に健康をテーマとしたサービスを提供するだけでは、宿泊者を十分に惹きつけることが難しいと考えられる。

（2）潜在力・人気があるのに非効率的な「温泉観光」「旅館部門」の改革・近代化こそ日本観光再生のカギ

1）顧客のニーズの変化

旅行市場規模の推移をみると海外旅行需要は着実に増加しているが、国内旅行はほぼ横ばいになっている。国内旅行の動向をみると、団体・法人需要の低迷が続くなか、低価格や個人の自由時間の増大を背景に、個人・グループ需要は顕著に増大している。

しかし、個人・グループ客の温泉旅館に対するニーズは「癒し」や「くつろぎ」に重点を移しており、団体客用の接客サービスでは対応できなくなっている。

また、高速道路網の発達等で、日帰り観光客が増加し、温泉旅館の魅力を十分に訴えることができずに宿泊客を減少させるケースが出ている。

2）団体客から個人客への変化

1991年頃から宿泊客の減少が始まり、温泉旅館の経営者にとって低価格化とともに頭の痛い問題である。過去の団体旅行向け対応では立ち行かない中、かといって個人客を直接低価格で集めるのもエネルギーを消耗するだけとなる。

今、温泉旅館に求められるのは、その温泉旅館だけがもつ「個性」を発揮し、個人客の感性に訴える、ソフト・ハードを整えることである。

3）デフレ経済下での低価格化

団体客の落ち込みをカバーするため、旅行会社への販売強化やインターネット媒体を活用し、団体旅行の減少分を低価格路線を採用し個人客を取り込んだところが多い。低価格路線を採用したところは事業リストラを実施し、ローコストオペレーションを実施しなければ経営が成り立たない。どこかで価格を上げないといけないが、あげる場合はそれに伴う価値を提供しなければならず、今後、どの温泉旅館においても、コンセプトおよび顧客ターゲットの明確化、顧客を満足させるためのソフト・ハードづくりが不可欠となる。

4）局地戦から地域間競争へ

温泉旅館ひとつひとつが「温泉街」を作っていることを考えれば、個別旅館の魅力の積み重ねが温泉地全体の魅力と捉えられないことはないが、やはりそれとは別に、一つの温泉街としての魅力作りが非常に重要な意味を持つ。同じ地域のＡ旅館とＢ旅館の個別旅館同士の競争は当然あるが、たとえば、鬼怒川と熱海、伊東と草津というような温泉地同士の地域レベルの競争となってきている。

今、旅館が行うべきことは、同地域で安売りによる顧客争奪戦を行うのではなく、観光地本来の自然や温泉情緒、泉質、周辺の観光施設、湯めぐり、地域の祭り・イベントなどの地域とのふれあい、などそれぞれの温泉地の魅力・特色をアピールすることで地域全体の集客力を高めることである。それと同時に、一つの温泉地にあるそれぞれの旅館が個性を出し合い、顧客ターゲットを明確にし、高価格帯の顧客からリーズナブルな顧客まで、それぞれが満足できる「温泉旅館揃え」つまり品ぞろえを行うことが重要と考えられる。

（3）旅館に求められる役割

また、【図5-6】のように旅館の提供サービスは多様化している。このアンケート調査によると旅館内でのサービスの取り組みが示されているが、拠点としてソフトを利用する考え方は読みとれない。旅館は既存サービスを延長したり、新しい施設を作り宿泊客を増やそうとしているといえる。

旅館の経営は状況が厳しい中、宿泊人数、滞在日数の増加や、いかにリピートさせるかが重要となっている。宿泊者から見れば、ライフスタイルをはじめ様々な環境の変化により現代の旅館に求めるものは変わってきているが、ひとつは社会生活におけるストレスを軽減する保養施設としての役割、もうひとつは観光や周遊の拠点としての役割が考えられる。特に後者の役割を果たすことができれば、宿泊人数、滞在日数の増加やリピート化に貢献できる可能性は高い。

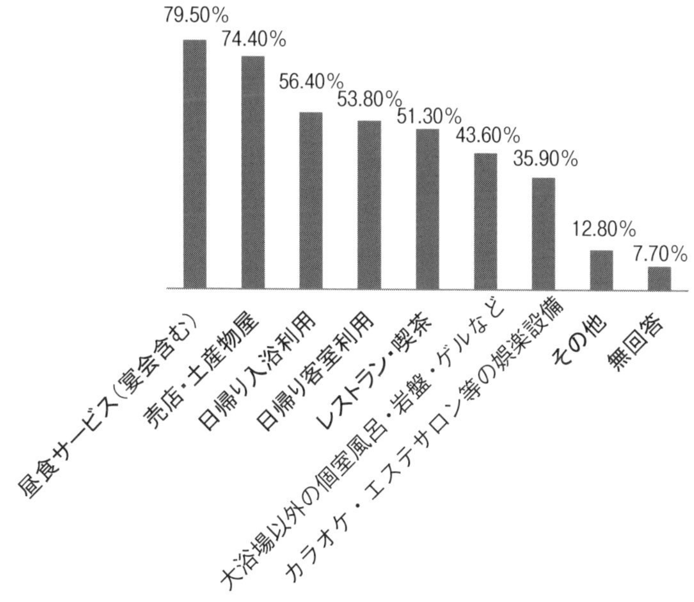

【図5-6】旅館の提供サービスの多様化
出所：全国旅館生活衛生同業組合連合会［2010年］

5．まとめ

日本の旅館数は減少している。本来「湯治場」として栄えていた温泉地も、19世紀初めの幕府による税収確保のための政策変更により、「湯治場」の規則を緩和したため、長期滞在・自炊が原則の「湯治場」の「旅籠」化が始まり、遊興の場となり、本来の湯治が影をひそめてしまった。当時の流れで現在まで遊興の場となった旅館の経営は全体に厳しく、特に小旅館の経営状況はきびしくなっている。旅館全体で約6割が赤字経営で、小旅館に関しては7割を超える旅館が赤字となっている。

しかし、現在、「湯治」を見直し復活させる動きや健康への関心の増大、観光旅行の形態変化が同時に進行しており、旅館側の考え方やマーケティング方法を見直せば、十分に旅館再生や温泉地の活性化が実現可能である。その方法がヘルス・ツーリズムではないだろうか。構造転換のチャンスともいえる。

ここまでの課題を総合すると、日本の観光地の課題はなにかというと、意外なことに温泉地と温泉旅館にその可能性と課題が集中している。

日本の観光地の多くを温泉地が占めているにもかかわらず、温泉地と温泉旅館が衰退しているので、観光地が衰退しているといっても過言ではない。

さらにその温泉地観光衰退の原因は「旅館・宿泊部門」の非効率性（人件費・管理部門）が指摘できる。

ところが、日本観光の魅力の中心にあるのも実は、温泉地と温泉旅館なのである。

①国内観光でも一番大切な顧客アンケート結果からは、人気の高いのが「温泉観光」である。

②また、国際インバウンド観光でも（外国人に）人気の高いのが「温泉観光」である。

以上から、潜在力・人気があるにもかかわらず非効率的な「温泉観光」「旅館部門」の改革・近代化こそ、日本観光再生の鍵であるといえる。

このように、日本には「温泉」「湯治」という保養や療養、あるいは一部医療の歴史伝統があるにもかかわらず、それらはまだ、旅館の再生や温泉地の活性化に大きく役立ってない。現実問題として、旅館数は年々減少し、温泉地や観光地が寂れて行っている。

次章では、日本の温泉観光地・旅館の構造転換の可能性を考察する。

第Ⅵ章　日本の温泉観光地・旅館の構造転換

1．日本人の観光に対する考え方、求めるもの

（1）日本人が観光に求めるもの

日本生産性本部［2012］のニューレジャー[注1]における性別・年代別参加率によると、ニューレジャーの分類の中では「ウォーキング」が1位を占めており、「複合ショッピングセンター」「温浴施設（健康ランド、クアハウスなど）」「ペット（遊ぶ、世話をする）」「バーベキュー」と続く。現実として「健康志向のなかで手軽なウォーキング」が上位を占めている【図6－1】。

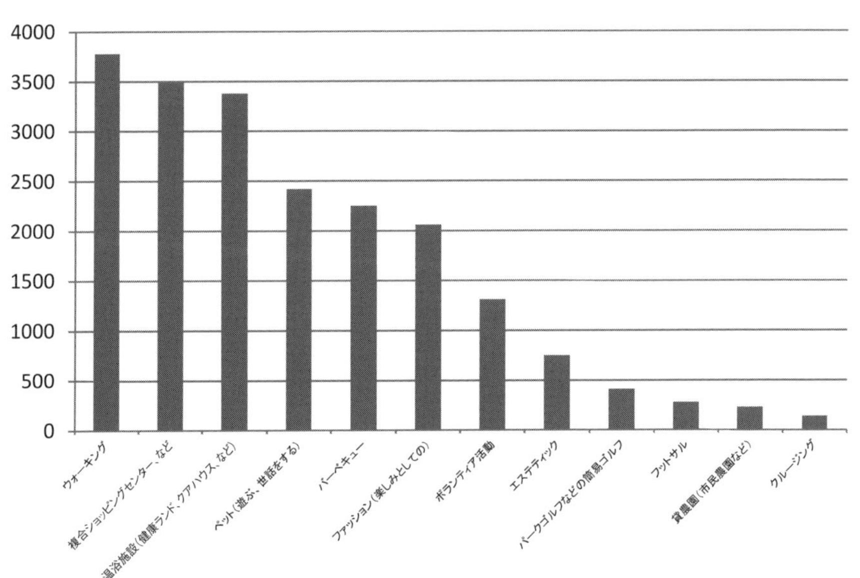

【図6－1】ニューレジャーの参加人口（単位：万人）
出所：日本生産性本部［2012］

　また、上記のニューレジャーの参加人口（参加率）のうち、ウォーキングと温浴施設を比べてみると、各年代においてその参加率がほぼ同じで、60代以上だけが男女ともウォーキングが温浴施設を大きく上回っている。つまり、「体を動かす活動的なウォーキング」と、「汗を流す、汗をかく温浴施設を利用する人」が重なっており、温泉を含む温浴施設のターゲットとしてウォーキングをする人が最適であると考えられる【表6-1】【図6-2】。

【表6-1】ウォーキングと温浴施設利用の性別・年代別参加率（%）

	ウォーキング	温浴施設
全体	36.9	33.0
男性計	35.4	30.9
10代	11.9	17.4
20代	16.7	19.4
30代	25.5	29.6
40代	30.0	38.1
50代	35.7	33.8
60代以上	56.9	33.9
女性計	38.3	35.1
10代	25.0	22.0
20代	23.1	29.3
30代	28.8	36.0
40代	31.1	32.6
50代	35.9	32.7
60代以上	56.0	41.7

出所：日本生産性本部［2012］

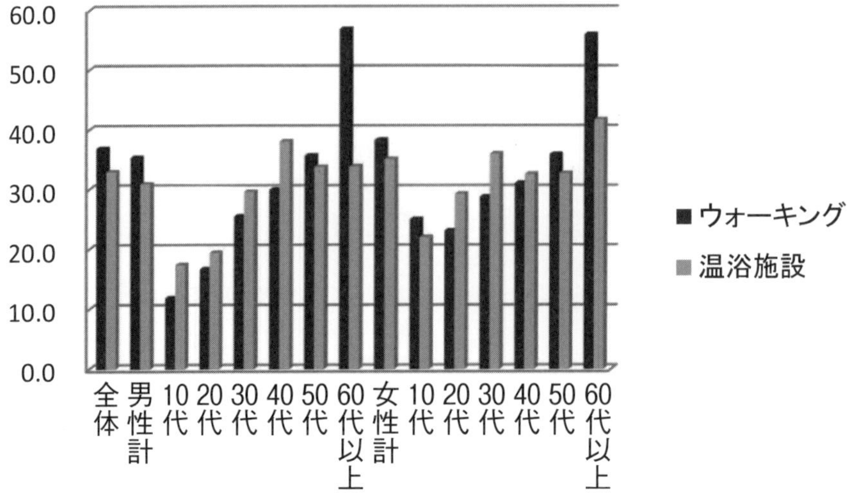

【図6－2】ウォーキングと温浴施設利用の性別・年代別参加率（%）
出所：日本生産性本部［2012］

（2）旅行形態の変遷と方向性

これまで述べてきたように、観光の形態は、団体・グループから少人数・個人へ、つまり団体の編成人員、宿泊単位は小さくなってきたが、これからは、たとえば休日の整備（3連休）や旅行へ行きやすい環境が整えば、おのずと滞在や宿泊日数も増えてゆく可能性がある。ただ、環境が整うのを待つだけではなく、リピート、延泊、長期滞在を増やす取り組みを同時に推進する必要がある。

2．健康に関わるツーリズム（広義のヘルス・ツーリズム）による構造転換の可能性

（1）健康に関わる観光としてのヘルス・ツーリズムの概念

前田［2006］によると、一つの観光形態を示したものとして、「ヘルス・ツーリズム」の語を最初に用いたのは、現在の世界観光機関（UNWTO）の前身にあたる官設観光機関国際同盟（IUOTO）の報告書であった（IUOTO［1973］）。

これはヨーロッパ各国の温泉利用の状況報告を中心にしたものであるが、その中でヘルス・ツーリズムを「自然資源、特に温泉、気候などを活用した健康施設を提供すること」と説明した。つまり、この時期は新しい観光形態として、健康予防及び増進の手段として観光を活用することに対する期待があったと思われる。

しかし、ちょうど同じころから、マスツーリズムの弊害が叫ばれ、オルタナティブツーリズムやサスティナブルツーリズムが言葉として注目され、ブームとなってきた。そして、2000年代に入ると、日本でもニューツーリズムが広く知れ渡ることとなり、その一つとして、「ヘルス・ツーリズム」も取り上げられるようになったのである。

（2）温泉療法の可能性

水は、古くから人々の生活の中で、体の汚れを落として清潔にするばかりではなく、魂の穢れも除き清める神聖なものと考えられてきた。まして、異様なにおいや色の熱い湯が、不気味な音を立てて地中から湧き出てくる温泉に、畏敬の念や魔力を感じたとしても不思議ではない。

阿岸［2005］によると、日本では、温泉を医療や癒しに用いたという記録は古くからあり、「古事記」、「日本書紀」、「万葉集」をはじめ、「伊予風土記」、「出雲風土記」などの各地の風土記に温泉の効用や温泉を医療に用いたという記述が見られる。

江戸時代になると、農民・漁民が農・漁閑期を利用して「湯治」をする習慣があり、温泉地に長期間滞在して、日ごろの疲れやストレスをとると同時に、心身の健康度を高めて次の仕事に向けて充電する意義もあった。

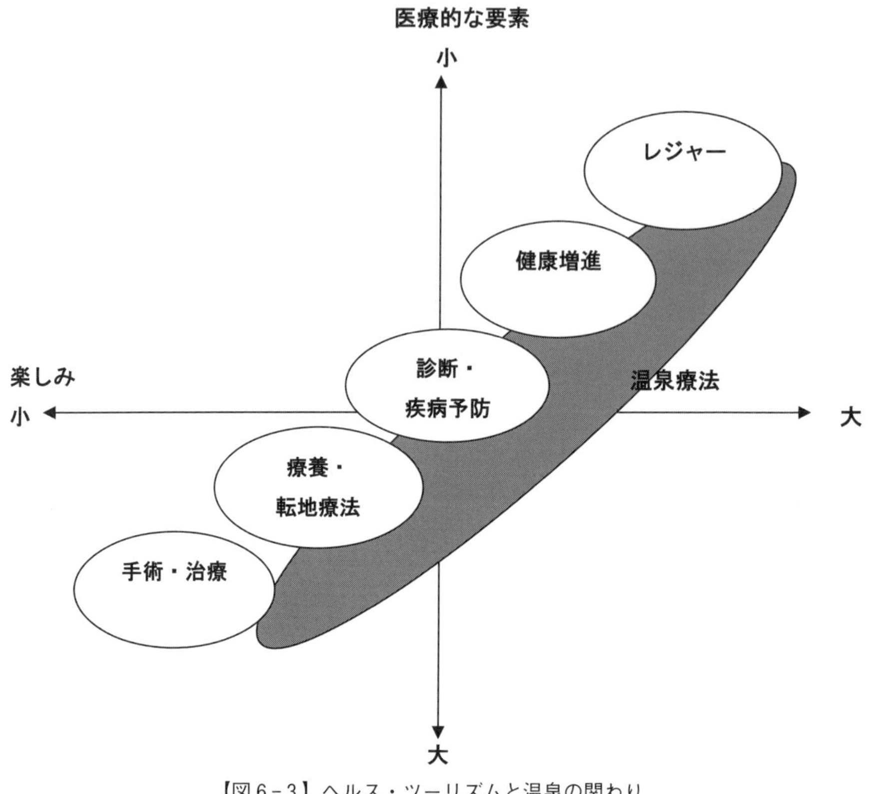

【図6－3】ヘルス・ツーリズムと温泉の関わり
出所：筆者作成

3．ヘルス・ツーリズムの分類論――温泉の位置づけ

（1）分類論

2006年に国土交通省が、「ヘルス・ツーリズムの推進」を掲げた際に、手を挙げた各地の事例は211件あり【表6－2】（ヘルス・ツーリズム研究所［2006］）、これら事例を分類することで、国内で、東日本と西日本の大きな違いが浮き上がってくる。

静岡と愛知の間のフォッサマグナを境とする、東日本（北海道、東北、甲信越、静岡）と西日本（愛知、岐阜、北陸、近畿、中国、四国、九州、沖縄）に分けて分析する。

本書では、ヘルス・ツーリズムの分類論として、複数の要素がある事例を、主たるキーワードでまとめ、次のようなカテゴリーに分類する。

「温泉（温泉滞在が主たるもの）」、

「学習（健康になる方法を学ぶ）」、

「検診（PETや乳がん検診を受ける）」、

「タラソテラピー（海洋深層水を利用した自然療法）」、

「アレルギー（花粉症等の症状改善）」、

「アニマル・セラピー（ドルフィンによるセラピー）」、

「森林（森林がベースとなるもの）」、

「その他上記の分類に含まれないもの」、

とする。

すると、日本全体としては、多い順に、

「温泉」74件、

「学習」24件、

「検診」21件、

「タラソテラピー」20件、

「アレルギー」12件、

「森林」10件、

「アニマル・セラピー」8件、

「その他」42件、

計211件となる。

（2）西日本、東日本にみるヘルス・ツーリズムの特徴

1）ヘルス・ツーリズム研究所［2006］のデータより筆者が集計しなおし分析した結果、**【表6-2】**から、西日本・東日本とも、「温泉」が1位である。

2）しかし、これにつぐ重要性をもつ2位から5位をみると、西日本では、

2位「検診」14ヶ所、

3位「タラソテラピー」13ヶ所、

4位「アレルギー」9ヶ所、

5位「アニマル・セラピー」8ヶ所、

となっている。

西日本が気候は温暖（最低気温で4.1度の差）なこともあり検診や海水浴のために滞在するケースが多いと考えられる。海洋動物をつかったアニマル・セラピーは西日本に集中している。また、沖縄・鹿児島には、花粉症の原因となる植物がないためアレルギーに対する改善・治療事例が多い。

3）東日本では、

2位「学習」19ヶ所、

3位「タラソテラピー」7ヶ所、

「検診」7ヶ所、

5位「森林」5ヶ所、

となっている。つまり、健康になる方法を学習するケースが多くあり、地形条件的にも森林が多いため、森林・グリーンツーリズム関連は東日本にも多い。

4）以上から、東日本に比べて、西日本が違う点を考察すると、気象庁のデータによると東日本と西日本の平均気温差は2.9度あり、最低平均気温は4.1度も高いためすごしやすい。花粉量も少なく、「アレルギー治療」に向き、海洋を利用した「タラソテラピー」、「アニマル・セラピー」が多いという特徴が出ている。

これに対し東日本は、豊かな「森林資源」を利用し、健康になる方法を「学習」するというスタンスが強い**【表6-2】**。

【表6－2】ヘルスツーリズムにおける分類

日本におけるヘルス・ツーリズムの分類			
	西日本	東日本	日本全体
1位	温泉　32	温泉　42	温泉　74
2位	検診　14	学習　19	学習　24
3位	タラソ　13	タラソ　7	検診　21
4位	アレルギー　9	検診　7	タラソ　20
5位	アニマル　8	森林　5	アレルギー　12
	学習　5	アレルギー　3	森林　10
	森林　5	アニマル　0	アニマル　8
	その他　27	その他　15	その他　42
	総計　113	総計　98	総計　211

出所：ヘルスツーリズム研究所［2006］より筆者作成

4．タラソテラピーの事例からみる地域住民の健康福祉と観光の両立

西日本で上位を占めるタラソテラピーに関する温浴施設、健康増進施設を比較してみた。いずれも地元以外の観光客も呼び込む意向で建設をし、運営を開始したが、当初の計画通りに進む場合とうまく進まない場合があることが分かった。

（1）高知県室戸市の海洋深層水によるタラソテラピー2施設
――「シレストむろと」と「ウトコ　ディープシーセラピーセンター&ホテル」

1）室戸市の現状

人口は1万6254人（2011年5月31日現在）であるが、5年前は、1万8509人（2006年5月31日）であった。2010年度、室戸市は、高知県の中で一番人口減少率が高い市となった（室戸市海洋深層水課）。

遠洋漁業で栄えた室戸市だが、最盛期100隻以上あった船が、現在は10隻まで落ち込んでいる。漁業以外に産業がない室戸は、現在海洋深層水に大きな期待をかけている。

室戸市のヘルス・ツーリズムに関しては、海洋深層水関連だけではなく、ドル

フィン・セラピーも存在する。癒し系のコンテンツとしては、さらに、ホエール・ウォッチング、若き日の弘法大師が修行した祠、伝建地区もあり観光素材には非常に富んでいる。

2）海洋深層水とは

室戸市海洋深層水課によると、太陽光の届かない深海から生まれた海洋深層水は、表層の海水と違い汚染環境が極めて少ないうえ清浄性に優れミネラルバランスの良い海水である。

海洋深層水の特徴は、イ．低温安定性：室戸海洋深層水の水温は、約 9.5 度で四季を通じてほぼ一定に保たれている、ロ．清浄性：物理的（浮遊物等が少ない）、生物学的（病原性細菌等が少ない）、化学的（環境汚染物質にさらされる心配が少ない）に汚染環境が極めて少ない、ハ．ミネラル特性：マグネシウム、カリウム、カルシウムなどの豊富な元素がバランスよく含まれる、ニ．熟成性：水圧 30 気圧以上で長い年月をかけてゆっくり循環している間に海水が醸成され、性質が安定している、ホ．富栄養性：窒素、リン、珪酸の無機栄養塩類が表層水の約 5 倍から 10 倍含まれる、等の優れた特徴がある。また、2010 年高知大学医学部竹内講師（博士）により、腫瘍増殖の抑制効果が確認された。

なぜ室戸で海洋深層水が取水できるのか。その理由は、海洋深層水はもともと海底 1000 m を北半球から回遊しているが、室戸沖で、急上昇し、深さ 300 m 前後の地点から吸いあげられるからである。

（2）室戸市「シレストむろと」

室戸市のユニークなところは、海洋深層水を利用する地域住民の健康増進を主体としている公的施設と、高級ブランドのタラソテラピー施設を同じ敷地に誘致していることである。

「シレストむろと」は EBH（エビデンス・ベースト・ヘルス）を目指すために、高知大学と取り組んでいる。

①高知大学医学部と室戸市保健福祉センターとの連携：1 月～3 月にかけて週 2 回のペースで実施した「水中運動プログラム」の成果報告会があった。参加者の平均年齢は 56.5 歳で女性 9 名、男性 13 名が参加した。その結果、ほとんどの

身体項目、筋力、敏捷性で改善あるいは改善傾向が見られ、今後も運動継続により、筋力の維持・向上、体質改善を図ることが必要であることが分かった。

②室戸市・高知大学連携事業「変形性膝関節症予防・改善のための水中運動プログラム」：週２回×６週間のインストラクターの指導の元、症状が改善することを明らかにすることを目的としている。事前測定会、効果測定会、成果報告会の３回開催される。このように「シレストむろと」を核に地域住民の健康増進推進と科学的データの蓄積に努めている。

また、【表６－３】にあるように、人口１万6000人余りのまちで、延べ人数で４万人を超える市民の利用がある事から、健康増進を図るという当初の目的は、果たしつつあるように思われる。今後は、市民以外、県内から、あるいは他県からの観光客をいかに増やすかが課題になる。ちなみに、入場料金は、大人一般1400円、室戸市民900円となっている。

（３）室戸市「ウトコ　ディープシーセラピーセンター＆ホテル」

ウトコ　ディープシーセラピーセンター＆ホテルは、2006年にオープンした高級ホテルである。経営は、星野リゾートで、対象はカップルや熟年層のため、１泊２食、１室２名の宿泊料金は、一人当たりスタンダードで２万2000円から、スイートで４万3000円からとなっている。

この施設の特徴は、世界的なメークアップアーティスト、植村秀氏が開発した室戸の海洋性気候と海洋深層水を活用した「ディープシーセラピー」である。豊かな海洋深層水を浴びたり、浸かったり、飲んだり、波の音を聞いたり、潮風を胸いっぱい吸い込み、五感で海を感じることで、身体の自然なバランスを取り戻し、自分の中に眠っていたパワーや美しさを目覚めさせる力があるという。

（４）２つの施設の比較

２つの施設は同じ敷地内に立っており、同じ海洋深層水を利用しているが、対象顧客は「シレストむろと」が市民・地元民が９割で１割が市外の観光客ということになる。建設された時期や面積はほぼ同じであるが、ターゲットは大きく異なる。「シレストむろと」は市民の健康増進・福祉中心で利用されるために料金も低く設定されている。しかし、素材のままのサービス提供のため、市外から付加価値がついたサービスを期待して来る観光客を受け入れることができていない。逆に、「ウトコ　ディープシーセラピーセンター＆ホテル」は部屋数が少ないが、高付加価値化に成功している。

売上を試算してみると、シレストむろとは2010年の数字で9割が市民、1割が市外として、①市民利用、4万2869名×0.9×利用料金大人900円≒3472万円、②市外利用、4万2869名×0.1×1400円≒600万円、合計すると約4072万円の売り上げとなる。

片やウトコ　ディープシーセラピーセンター＆ホテルは国土交通省観光庁［2012］の宿泊機関の平均定員稼働率で算してみると、17ルーム×2名×365日稼働×0.315≒3909人、仮に平均単価を3万円とすると、3909人×3万円≒1億1727万円の売り上げとなる。

【表6－3】シレストむろとの利用者数

シレストむろとの利用者数		
年度	人数	備考
2006年度	41,583人	7月オープンのため7月からの人数
2007年度	48,889人	
2008年度	40,608人	
2009年度	38,431人	7月に指定管理者が交代
2010年度	42,869人	

出所：室戸市海洋深層水課ヒアリングにより筆者作成

（5）「スパタラソ・天草」（上天草市交流センター）

1）歴史・組織

この施設は、オープンして7年目（2011年10月現在）である。元々、上天草市の第三セクターが管理していたが、2009年からは、共同企業体が指定管理者として経営している。館長はもともと共同企業体の会社でブライダルセクションの責任者をしていたが、センター長として従事している。天草は「健康マラソンの発祥の地」で「天草パールマラソン」は、1号橋から5号橋を走り抜ける形で続いていたが、交通量の増大で形が変わってきた。

2）現状

年間25万人訪れる利用者のうち、プール利用が7～8割、温泉利用が6割ほどになる。センターは大きく3つの部門にわかれているが、売上の比率は、タラソテラピー：温泉：レストランが、概ね4：4：2である。

タラソテラピー（プール）は、生活排水で汚れていないきれいな海水を使う必要があり、沖から海水を船で運んで、陸路運搬するので器材や輸送で費用がかかる。沿岸の海水には生活排水が混ざっているため利用できない。ただし、利用者のおおかたの認知度は、「海水の入ったプール」という認識である。ピークは夏で、春や秋の利用者は少ない。海水浴客が多いため、海水浴の後で利用する人も増える。ピーク時と閑散期の差は2倍にもなる。

温泉は気軽に入れるため、人気は高い。レストランは、これからの部門である。

現在、会員は140名（2011年10月時点）で、会員は毎日のように来ている人が多い。目的は健康増進で、長い時間が必要である。

年間25万人といわれる利用者のうちプール7割、温泉6割で売り上げを試算すると、

①プールは、25万人×プール（7割）0.7×大人1000円＝1億7500万円の売り上げ、

②同じく温泉で試算すると、25万人×0.6×500円＝7500万円の売り上げ、

合計すると約2億5000万円の売り上げとなる。

（6）参考：由布市健康増進施設「クアージュゆふいん」

1）歴史

由布市（旧湯布院町）の健康増進施設の「クアージュゆふいん」は、1990年の4月に第3セクターで始まった。土地は湯布院町の所有で、建物は三井信託で、運営は上の湯ガスが行っていた。しかし赤字が続き、土地が取られる可能性が出てきたため、1995年に当時の湯布院町の直営にした。

2）背景

本来は「長期滞在者用」に建設し、湯布院の温泉旅館も送客する約束であった。開始当初は、旅館の協力を取り付けて、旅館からも送客する計画で、湯布院散策

を推奨し、土産物も旅館独自で製造しない予定であったが、その通りに進まなかったことが衰退の原因である。

しかし、旅館は宿泊客の囲い込みを始め、また、町内に共同温泉ができてきたことや旅館の露天風呂ブームが起こり、内湯の露天風呂を宿泊客がチェックインする15時まで観光客に開放するケースが増えて、クアージュゆふいんの経営状況は全く改善しなかった。

3）町民のための健康増進施設

由布市は、13億円で建物を買い取り毎年約7000万円を返却し、2015年には建物の返済は終了する予定である。しかし、施設維持に4000万円から4500万円かかるため、1億1000万円から1億2000万円を一部起債の償還で返済しているが、実質毎年4000万円から4500万円の赤字になっている。

旧由布院町は、「町民のための健康増進施設」にかじを切り、1999年には、利用者が9万6000人になり、観光客は2万5000人となった。

バブル期の絶頂期には、10万から12万人の利用があり、観光客の利用は3分の2を占めるまでになったが、地域独自の理由で、各家庭に温泉が引かれているので、町民の利用は増えていない。市民と観光客に料金差があり、1か月券2000円、6か月券1万円、1年券1万8000円で販売されている。常時、250人から270人の会員がおり利用している。

現在、スタッフは全員で12名（2011年10月時点）おり、うち館長以外の常勤職員は3名で、うち1名は保健師となる。保健師は、地元の利用者に対して、「市民の健康相談」を行い、毎月2回「水中運動療法」の講習を行っている。ボランティアで、水中運動指導員を60名養成し、健康増進に努めている。

また、地域の医療機関とも連携し、「温泉療法医」の資格を持っている医師の指導のもと、リハビリ患者の対応も行っている。

もともとは、長期滞在客の獲得を目指して作られた温泉館が、市民の「健康増進施設」となり、今また、本来の長期滞在者のためのまちづくりの一つの柱として、新たに動き始めている。

（7）４つの施設の年間利用者数および売上高

手元のデータから４つの施設（参考のクアージュゆふいんを含む）の、
「①年間利用人員」、
「②売上高（基本入浴料のみ）」、
「③市民：観光客（市民以外）の比率」、
を試算してみると次のようになる。

1）シレストむろとは、①４万2869人（2010年）、②約4000万円、③９：１、
2）ウトコ　ディープシーセラピーセンター＆ホテルは、①約3900人、②約１億3000万円、③宿泊客は基本観光客で、０：10、
3）スパタラソ・天草は、①約25万人、②２億5000万円、③８：２、
4）参考のクアージュゆふいんは、①９万6000人（1999年）、②約4800万円、③８：２、

である。

つまり、市民の健康増進のみでは観光客を確保するのは難しく、「高付加価値化」をする必要がある。

スパタラソ・天草はタラソテラピーのプールと温泉を組み合わせてうまく観光客を誘致している。売上面からみると高級化を図ったウトコ　ディープシーセラピーセンター＆ホテルとスパタラソ・天草が非常に大きいといえる。

スパタラソ・天草とウトコ　ディープシーセラピーセンター＆ホテルは成功しており、クアージュゆふいんはうまくいっていないといえる。これらの分析から、観光地化するためには「高付加価値化」が必要になることがわかった【図６−４】。

室戸と天草の例は「高付加価値化」で成功している。

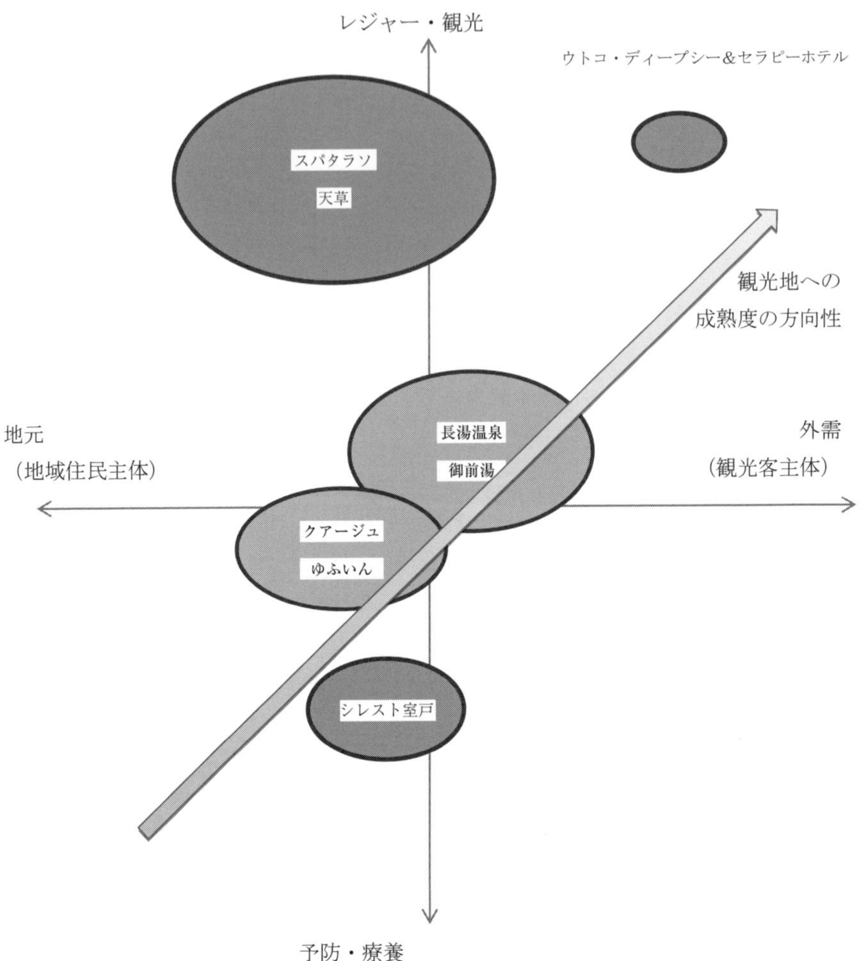

【図６－４】温浴施設に見る観光地としての成熟度
（注：大きさは年間利用者数を表す）
出所：各所ヒアリングにより筆者作成

５．ヘルス・ツーリズムの課題

古橋［2012］によると、2011年の１月から２月にかけて東海３県の中堅規模のホテル・旅館79社を対象のアンケートから次のようなことがわかった。健康をテーマにした商品・サービスにおいては、「温浴施設」の割合が約60％を占めており、「温浴施設」以外では、「ウォーキング等の運動」、「アロマテラピー」、「森林浴等の自然体験」、「薬膳等の健康料理の提供」が続いている。新たな設備投資や専門的な人材の獲得が必要なメニューよりも、周辺環境を活かしたサービスを提供しているケースが多くみられた。専門性の高いサービスの提供は一部の施設に限られており、多くは国土交通省観光庁のモデル事業で取り上げられている「癒し」、「運動」、「食」等の基本的なサービスの提供にとどまっている。

また、回答した半数以上の施設において、健康をテーマにしたサービスを提供していても「新規顧客の獲得」「既存顧客の維持」につながっていないという結果が見られた。一方、「増加している」という回答は、「新規顧客の獲得」においては約25％、「既存顧客の維持」においては約30％の施設にとどまっている。つまり、健康をテーマとしたサービスを単に提供するだけでは、顧客を十分に引きつけることが難しいという結果が出ている。

6．まとめ

本章ではヘルス・ツーリズムの重要性とその特徴について述べた。観光の形態が団体から小グループや個人に変わり、その目的が物見遊山から体験型・ふれあい型に変わってきており、温泉地や旅館も変わらざるを得ない状況になっている。そういう状況の中、健康にかかわるツーリズムは脚光を浴びてきており、なかでも日本人に愛されてきた温泉や湯治が、健康との接点として再認識されている。

そこで、2006年にまとめられたヘルス・ツーリズムの211の事例から、西日本と東日本を比較してみると、特徴の要素が異なることが分かった。西日本では、「温泉」に次いで「検診」「タラソテラピー」「アレルギー対策」「アニマル・セラピー」と続き、東日本では「温泉」「学習」「タラソテラピー」「検診」「森林」と続いている。

しかし、西日本、東日本ともに1位は「温泉」であり、温泉地がヘルス・ツーリズムの拠点として構造転換できれば地域再生にもつながる可能性がある。

また、西日本東日本両方で上位に来る「タラソテラピー」についても調査を行ったが、観光地として外部からの誘客を増やすためには、ハードだけではなく資源の有効活用や、高付加価値化を目指す必要があることがわかった。すなわち、これはヘルス・ツーリズムの課題でもあり、いかに高付加価値化を推進するかという点が重要である。

これまでを総括すると、日本の観光地の課題として温泉地と温泉旅館にその可能性と課題が集中している。日本の観光地の多くを温泉地が占めているにもかかわらず、温泉地と温泉旅館が衰退しているので、観光地が衰退しているといっても過言ではない。さらにその温泉地観光衰退の原因は「旅館・宿泊部門」の非効率性が指摘されている。

一方、日本観光の魅力の中心にあるのも実は、温泉地と温泉旅館である。①国内観光でも一番大切な顧客アンケート結果からは、人気の高いのが「温泉観光」であり、②また、国際インバウンド観光でも（外国人に）人気の高いのが「温泉観光」である。以上から、潜在力・人気があるにもかかわらず非効率的な「温泉観光」「旅館部門」の改革・近代化こそ、日本観光再生の鍵であるといえる。

そこで、日本でも、観光の中心にあり、潜在力・人気があるのに非効率性ゆえ衰退しつつある「温泉観光・旅館部門」の改革・高付加価値化として、現在注目されている「ニューツーリズム」の一つで、国策として力を入れる健康・医療にもかかわる狭義の「ヘルス系ツーリズム」が、このような温泉地・温泉旅館業界の構造転換と高付加価値化戦略に非常に有効であることを明らかにする。

次章では、旅館を拠点とすることで構造転換し、ヘルス・ツーリズムを活用し旅館の経営改善と地域振興を両立させている天草の事例について述べる。

［第Ⅵ章の注］

（注１）ニューレジャー

日本生産性本部［2008］によると、「携帯電話の余暇利用」「温浴施設」などこの 10 年間に伸びてきている 25 種目をニューレジャーとして市場規模を推計したところ市場規模総額は、10 兆 4340 億円となり、潜在希望調査では 12 兆円という数字になっており今後のさらなる市場拡大が期待されている。

第Ⅶ章　ヘルス・ツーリズムによる温泉地域・旅館の再生戦略事例（1）

――「天草ヘルス・ツーリズム」ウォーキングによる再生――熊本県天草市

1．熊本県天草市

（1）天草市の概要

熊本県の西部に位置する天草地方は、昔から観光の名所として知られており、現在は市町村合併により、天草市、上天草市、苓北町の2市1町から成り立っている。【図7－1】で、苓北（苓北町）及び、大矢野・松島・姫戸・龍ヶ岳（上天草市）以外の地区が天草市になる。2011年、天草市は熊本県で過疎化率が県内一となった。

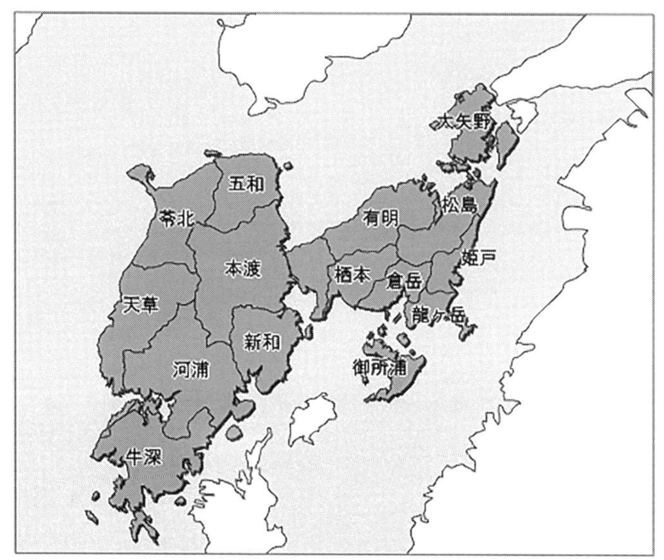

【図7－1】天草地方の地図
出所：天草宝島観光協会ホームページより

（2）天草市の観光の現状

天草宝島観光協会［2011］によると、1966年の天草五橋の開通により急増した観光客数は、道路、港湾、観光施設の整備に伴い1979年ごろまでは順調に推移していったが、1980年には落ち込みを見せた。理由は元来の交通アクセスの脆弱さと観光資源のマンネリ化にあったとされる。その後は、祭りやスポーツイベントの開催、グルメブームに乗ったグルメフェア等で持ち直した。1991年の雲仙普賢岳の噴火による観光客の減少はイルカウォッチング等が下支えとなり復調に向かった。

しかし、他の観光地と同様に観光構造が「団体型」から「個人型」へ、「物見遊山型」から体験・参加型の「ニューツーリズム型」「着地型」へシフトしていることに対し受け入れ側が旅行形態の変化に対応しきれていない状況がある。

宿泊施設においては、天草五橋開通時に新規あるいはリニューアルオープンした五橋周辺施設が20年後に設備投資の時期を迎え、1980年代後半から1990年代にかけて大型化していき天草の観光をけん引した。しかし、一方で天草の大半を占める小規模旅館にあっては、設備投資や後継者の育成の遅れから世代交代が円滑に行かないまま閉鎖せざるを得ない状況も散見されており、宿泊施設の減少が宿泊客の減少につながっているとも考えられている。

日帰り客、宿泊客ともに減少傾向にある天草では、観光客のリピート化や滞在

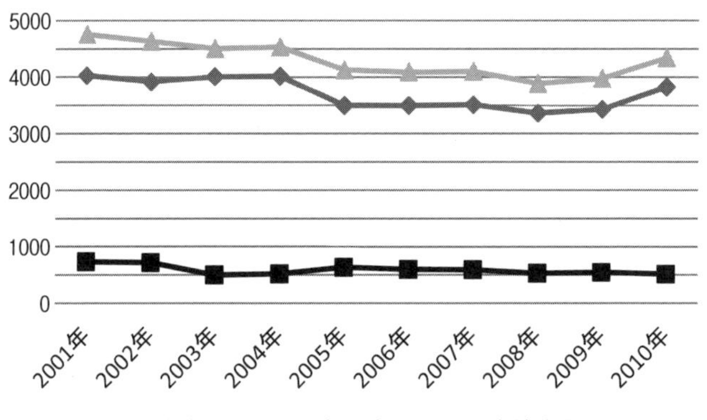

【図7-2】天草地域の観光客数、日帰り客数、宿泊客数（単位：千人）
出所：熊本県［2011］

型へのシフトをどのようにして実現するかに天草観光の将来がかかっている【図7－2】。

（3）天草プリンスホテル

天草プリンスホテルは、天草五橋開通後の1968年に開業した部屋数28室従業員20名の小さな旅館である。天草市の「本渡地区（市の行政の中心地）」にあるが、ちょうど天草全体を蝶に例えると胴体の部分に当たる【図7－1】。

ホテルの周辺にも観光地はあるが、人気観光地は上天草市または天草市西部にあり、本渡地区でも老舗旅館が廃業したり、ビジネスホテルに転換したり、買収されて現在病院になっている元旅館もある。しかも、この旅館は天然温泉が出ていないため源泉かけ流しではないというハンディキャップを背負っているが、天草市の中心部にあるという立地条件と天草の新鮮な魚介類や野菜を活かした料理等が売り物である。

2．天草ヘルス・ツーリズム

（1）天草ヘルス・ツーリズムの要因

天草プリンスホテルにおいて、天草ヘルス・ツーリズムがはじまったきっかけは、女将が病気を患い、健康の重要性に気づき「観光と健康の島、天草」を考えたことに由来する。元々、天草は、「健康マラソン発祥の地」で、観光にも力を入れており、豊かな食文化も背景にあった【表7－1】。

（2）ヘルス・ツーリズムにおけるウォーキングのエビデンス

天草プリンスホテルでは、2009年10月より、毎朝、女将が中心となり、宿泊客が地域の観光資源や商店街をウォーキングする「ヘルス・ツーリズム」企画（以後、この企画を一般概念としての「ヘルス・ツーリズム」と区別するために「天草ヘルス・ツーリズム」と呼ぶ）を開始した。

日本観光協会［2010］によれば、ヘルス・ツーリズムにおいて、誰もが楽しみながらできる主な運動としては、ウォーキング、ノルディック・ウォーキング、サイクリングがあげられ、これらの運動は生活習慣病の予防効果とともに、いろいろな効果が期待できる。ウォーキングは、習慣化すると糖尿病患者の血糖値が改善され（泉［2005］）、脳が活性化される（篠原［2005］）ことが分かっている。ジョギングと異なり、常に足が地面についているので、健康科学の専門家の検討を得たうえで、積極的に進められる可能性がある運動といえる。

（3）旅館経営と天草ヘルス・ツーリズム

第Ⅴ章の「旅館と温泉地の現状」で触れたように、小規模の旅館の経営は厳しい状況が続いている。そのような状況の中で、天草プリンスホテルの宿泊者数は、2009年の天草ヘルス・ツーリズム実施前より大幅に伸びている。その天草ヘルス・ツーリズム参加人数は2009年10月から2012年5月までに3万人を超えた（2012年6月ヒアリングによる）。宿泊定員124名の旅館で平均毎月約1000名、毎日約30名を案内していることになる【表7－1】。2012年の4月、5月の客室稼働率は100％で、この時期としては創業以来初めてということであった。天草地域は海水浴客を含め、8月がピークになるが、2012年はすでに、4月、5月の時点で昨年の8月の宿泊客数と並んだ。

地域流通経済研究所［2012］によると、九州新幹線開業後の1年間（2011年3月～2012年2月）の熊本県における宿泊客数は、前年比10.04％の増加と推計されたが、天草プリンスホテルの宿泊客数は天草ヘルス・ツーリズムがスタートした2009年と比べて2011年は30％伸びている（ヒアリングより）。そして2009年に比べて大きく伸ばしただけではなく、オフシーズンの売上高増加に貢献している。本来体を動かすという意味では、真夏よりも気温が低い時期のほうが良いと思われるので、オフシーズンに宿泊客が伸びるということは望ましいことである。冬場の温泉地／旅館への観光客誘致プログラムとして、オフシーズン対策に十分機能すると考えられる。

また、熊本県［2011］によると、熊本県観光統計表で、2011年の天草地区（天草市、上天草市、苓北町）の宿泊者数は52万5288人で、2010年は51万3421人、2009年は54万5414人であった。つまり天草地区全体としての宿泊者数は、2011年は2009年に比べて減少していたことになる。天草プリンスホテル

【表7-1】天草ヘルス・ツーリズムの動き

天草ヘルスツーリズムの動き		
時期	天草地区及び天草プリンスホテルに関する事柄	備考
1965年	天草五橋開通で天草ブームが始まる。年間観光客50万人が1967年には300万人を突破した。	
1968年	開業	
1973年	「遅いあなたが主役」天草パールマラソンが開催される。	健康マラソン発祥の地　背景
1976年	国武裕子氏（現女将）入社	
1990年	天草の観光客が500万人を突破した。	
2005年	国武氏、ガンを患い手術入院「観光と健康の島」構想が思い付いた。	要因
2006年	女将がガイドの勉強を開始。 本渡まちづくり委員、天草市まちづくり委員などを歴任。	個人への投資
2009年	10月より「ヘルスツーリズム実施」	
2010年	メディアで取り上げられることが多くなった。	大宴会場と大浴場のリニューアル
2011年	天草女将会「できます」宣言（2月より） 「トイレの利用、観光案内、お茶を飲むこと」ができる。「天草女将会」旅館がサービスを提供する。	ホスピタリティーの徹底 10月現在参加者23,000人（最高のリピーター32回） 宿泊客は、ヘルスツーリズムを始める前の2009年に比べると30%増加した。特にリピーターの増加が目立つ。
	3月九州新幹線開通。	
	6月　第14回人にやさしい地域の宿づくり賞　優秀賞　受賞 （全国旅館ホテル生活衛生同業組合連合会）	
	天草女将会 新幹線熊本駅から、人気の「A列車で行こう」で三角駅まで来て、三角港から本渡港に「シークルーズ」で着いた観光客を法被姿で迎え、名物「海老せんべい」とお茶で歓迎する（10月より）。	
2012年	本渡商工会議所中心 「天草南蛮おもてなしプロジェクト」で「天草サラダ」と「天草ヘルス&ビューティープロジェクト」を開始した（2月より）。	5月現在参加者30,000人（最高のリピーター45回） 4月と5月の客室稼働率は100%を超えた。創業以来初めて。 また、昨年のピーク時8月の宿泊客数に並んだ。
	天草宝島観光協会 天草プリンスホテルの企画や、その他の着地型ヘルスツーリズムを募集開始した（2月より）。	
	3月じゃらんが「天草島カフェ」の無料版を作成して各所で配布。	
	3月　第4回ヘルスツーリズム奨励賞受賞 （日本ヘルスツーリズム振興機構）	
	5月　観光功労者賞　受賞 （社団法人　熊本県観光連盟）	

出所：筆者作成

においては、周辺だけの大きなイベントもなかったため、明らかに天草ヘルス・ツーリズムの効果と考えられる。

さらに、天草ヘルス・ツーリズムに参加した客のリピート率は70から80％を超えており、中にはほぼ毎月のように福岡から夫婦で泊まりに来る客も出てきている。現在は旅行会社からの送客はまだ多いが、直接予約のリピーターも増えてきており、支払手数料の軽減と直接収入の増加で経営にも貢献している。

3．天草ヘルス・ツーリズムによる効果

天草の事例では、旅館経営が改善されるだけではなく、地域にも良い影響を及ぼしている。

（1）ホスピタリティ

天草ヘルスツーリズムは、旅館経営のみならず地元住民にも影響を与えている。たとえば、新和町のハマボウの群生地を紹介したケースでは、はじめは観光客が急に訪れることに怪訝な様子を見せた地元の人たちも、２年目には、トイレを設置したりのぼりを立てたりという行動につながり、地域住民が地元の地域資源が観光資源であることを認識して、観光客をもてなすことの重要性を認識してきている。見学の観光客が増えると、名産品のお茶や地元の団子の売り上げが伸びてきた。

また、倉岳町の石垣群のコースでは、観光客がぬかるんだ田んぼのあぜ道を歩いているのをみて地元有志がそこをコンクリートで固めたり、石垣群に行くまでの農家の小屋にはこの地域で有名な「バラモン凧」の紹介展示をする人も出てきた。さらに2012年になってからは、民家の軒先で地元料理の朝食を提供するケースも出ている【表７－２】【写真７－１】。

（2）プロジェクト

天草市は、2011年３月の新幹線開業を控え、地元の本渡商工会議所が中心となり、天草へ観光客を誘致する必要を感じて、熊本県、天草市、天草地域の各地

【表7－2】天草ヘルス・ツーリズムモデルにおける観光資源への進化過程

コース事例 (07：00～)	第1フェーズ (まず、宿泊客に現地を見せる)	第2フェーズ (地元住民の変化)	第3フェーズ (地元住民の意識の共有化、観光資源化)
倉岳町 石垣群	2010年 ・宿泊客を連れてゆく。	2011年 ・観光客が歩きやすいように、住民があぜ道を舗装。 ・農具を保管する場所に地元名物の凧を展示。	2011年～ ・民家の軒先で郷土料理の朝食。 ・参加者と地元民の交流。
西ノ久保公園	2010年 ・花の咲き乱れる公園ウォーキング開始。 ・公園の遊歩道がきれいになった（観光客が歩くのできれいにした）。	2011年 ・公園の北側が荒れた民間の私有地と接していたが、地主が観光客のために桜の木を植えて整備した。	2012年 ・ホテルスタッフ、女将会有志、地元住民ボランティアで公園の清掃を行うようになった。
新和町 ハマボウの群生地	2010年 ・1シーズン（7月～8月）毎日のように宿泊客を連れてゆく。	2010年 ・地元のおばあちゃんが話しかけて、お茶をふるまう。	2011年～ ・1シーズンに300名を超える人を連れてゆく。 ・場所が分かるように地元がのぼりを立てる。 ・地元が簡易トイレを設置する。
栖本町 「油すまし」の墓 （ゲゲゲの鬼太郎に登場）	2012年 ・さびれた「油すまし」の墓を紹介。 ・地元の名物料理を食べる。	2012年 ・地元住民が墓の整備を行う。 ・山道、農道の整備（少し山道を歩くため）。	2012年 ・地元住民の家庭で地元料理を食べる（地元住民との交流を企画）。 ・観光＋食事＋交流。

出所：筆者作成

元商工会議所、天草宝島観光協会と共同で新しいプロジェクト（名付けて「天草南蛮おもてなしプロジェクト」）を起こしたが、これも、天草ヘルス・ツーリズムの成功によるところが大きい。

さらに、天草を「ヘルス・ツーリズムと美、食の島」にするプロジェクトもスタートした。今まで、旅館と地元飲食店街や商店街が手を組むことはなかったが、

【写真７－１】天草ヘルス・ツーリズムコースの倉岳と油すましの里

出所：2012年６月筆者撮影

左上：倉岳の石垣　　　右上：倉岳の街並み

左中：倉岳の車庫に飾った地元名物バラモン凧：観光客のための文化紹介

右中：観光客が増えたため、泥のあぜ道を住民が舗装した：ぬかるみ対策

左下、右下：「油すまし」（ゲゲゲの鬼太郎に登場）の記念碑。荒れていたのを整備してコースにしている：2012年から人気コースになりつつある

天草ヘルス・ツーリズムの動きが触媒となり、人口減少で悩む天草市が新しいツーリズムを核に観光客を呼び込み交流人口を増やし、同時に雇用を確保しさらに増やすための具体的な動きに出ている。

4．地域資源を宿泊客、観光客にまず見せる意義

観光地における地域ブランドの成立は、地元住民や関連組織に共有され、それが地域外に発信されて、定着することによって観光地と認められ地域ブランドとして定着すると考えられる（内田［2009］）。

しかし、この天草の事例では、「情報発信は観光客もおこなう。そのためには、まず、地域資源を見てもらうこと。」という考え方が基本にある。つまり、観光客に地域の観光の素材になりうる資源をみてもらい納得させることで、彼らが広報役もかってくれることが分かったのである。クチコミ効果も大きい。

経営が厳しい中小旅館がハードではなくソフトに注目し、人的資本への投資、つまり女将やスタッフが地域のガイドができるような勉強をして訓練を受け、宿泊客を地域に連れ出すことで地域の活性化につなげている点が多くの示唆に富んでいるといえる。

また、ウォーキング参加者がコース中に旅館外で食事（朝食）をとるケースや、周辺の小売店や商店街に宿泊客を案内することで、シャッター商店街になりかけている地元商店の売り上げが少しでも伸び元気になることを期待している。1旅館だけが生き延びるのではなく地域全体が活性化することの重要性を関係者皆が理解している。

現在、女将は観光客に天草の良さを知ってもらい滞在時間を増やすために、つまり、丸1日の滞在ではなく「36時間（＝1日半）滞在」で食事1回分・土産物追加分を地元での消費につなげることに取り組んでいる。

この事例では、旅館の女将が中心となり、宿泊客をウォーキングで外に連れ出すことにより、地域住民に自分たちの住んでいる場所が観光資源になりうるという意識を植えつけ、それを続けることで明らかに変化が起き、地元にホスピタリティが醸成されてきている。地域住民が田の畔道を舗装したり、お茶を出したり、簡易トイレを設置したり、あるいは住民で散策する道を清掃したり、公園をきれいに掃除したり等の行動に発展している。まさに観光の「社会的」「文化的」側

面を感じる。

さらに、この動きが地元商店街や小売店の売り上げに貢献しており、新しく発見された「観光地」周辺の小売店や飲食店にも経済効果が波及する形になり始めている。そして、天草ヘルス・ツーリズムが核となり食や美容にも範囲を拡大し、本渡商工会議所、天草市、天草宝島観光協会、熊本県を巻き込んだ天草の「新しいツーリズム」としてのムーブメントが起きている。

5．まとめ

本事例では、天草プリンスホテルの女将が、自らが病に倒れ回復する過程で健康の重要性に気づき、「観光と健康の島、天草」を実現するために、女将自身が３つのガイド研修を受けてアジア諸国のガイディングも参考にしながら、2009年秋から宿泊客とウォーキングをしながら地域のことを知ってもらうことを始めたが、予想以上に宿泊客の反応はよく、１年後には宿泊客数も売上高も約３割増えて旅館の経営状態は大きく改善した。このプロジェクトにかかるコストはほとんどなく、スタッフに関しても朝のチェックアウト前の余裕のある時間をうまく活用している。

また、旅館経営改善のみならず、宿泊客に地域を見てもらうことで、地域の人たちは自分たちの住んでいる場所あるいはそのすぐ近くに観光資源となりうる地域資源が存在することに気づき、そのことが地域をきれいに維持することや、地域とのつながりを深めることにつながることを理解できるようになった。

次章第Ⅷ章では、竹田市と長湯温泉の事例から、さびれた湯治場の良さを残しながら現代的湯治場へ構造転換している事例について述べる。

第Ⅷ章　ヘルス・ツーリズムによる温泉地の再生戦略事例（2）

——「御前湯」と「温泉療養保健システム」による交流人口の増加と長期滞在化——大分県竹田市

1．大分県竹田市

（1）大分県の概要

大分県には、その中央部を北東から南西に走る別府－島原地溝と呼ばれる大地の裂け目に沿って多くの新しい火山がある。大分県の温泉の大多数は、火山性温泉で北東部の鶴見岳・由布岳の周辺には別府温泉・湯布院温泉・塚原温泉・湯平温泉、南西部のくじゅう火山群の周辺には筋湯温泉・川底温泉・宝泉温泉・七里田温泉・長湯温泉・赤川温泉がある。2010 年 3 月末現在、温泉地も 67 箇所となっている。

また、大分県は、源泉数は 4790 孔で全国 1 位（対全国比 17.2％）、湧出量は約 29 万 8 千リットル／分で全国第 1 位、対全国比 10.8％、温泉利用の公衆浴場

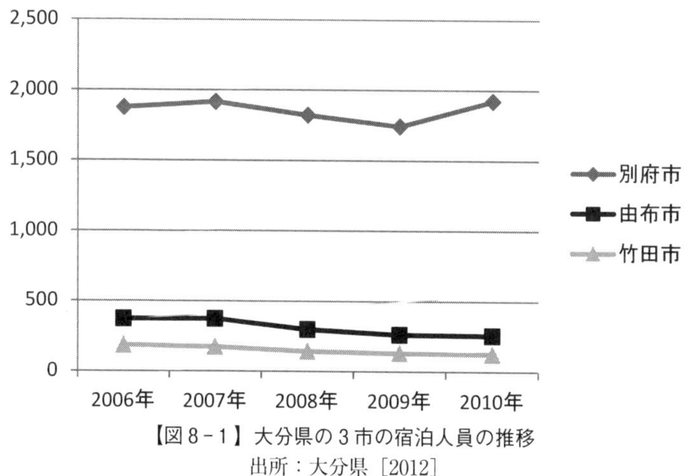

【図 8－1】大分県の 3 市の宿泊人員の推移
出所：大分県［2012］

は357軒で全国5位、宿泊施設数は738軒で全国4位、年間延べ宿泊利用者数は約598万人で全国4位となっている（大分県HPより）。

（2）竹田市の概要

竹田市の総人口は2万4760人で、男性1万1541人、女性1万3219人、世帯数1万511世帯である。(2012年1月末日 現在)

地域の歴史は、戦国時代に志賀氏が岡城に入城後、豊臣秀吉の天下統一のころに中川氏が移封し、竹田村に城下町を造成した。その後、商業を中心として発展し、西南の役によりその多くを消失したものの、現在でも市内中心部には武家屋敷通りなどの古い面影を多く残している。

現在の行政としての「竹田市」の歴史は、1954年3月31日10カ町村の合併に始まる。当時の竹田町、豊岡村、玉来町、松本村、入田村、嫗岳村、宮砥村、菅生村、宮城村、城原村の合併により市制が施行され、その後、1955年7月に大野郡緒方村から大字片ヵ瀬が編入。2005年4月1日には、荻町、久住町、直入町と合併して新しい「竹田市」が誕生した。

【図8-2】のように竹田市は大分県の南西部に位置し、くじゅう連山、阿蘇外輪山、祖母山麓に囲まれた地にあり、山々からわき出る豊かな水は全国的にも知られている。また、温泉にも恵まれ観光地で有名な久住高原の「久住温泉」「赤川温泉」をはじめ、竹田市内の「竹田温泉」、「七里田温泉」、「波後の湯温泉」、「白丹温泉」そして「長湯温泉」がある。山々に囲まれたその外側では温泉が出ておらず、観光資源に恵まれた地域といえる。

東は豊後大野市と大分市、西は熊本県、南は宮崎県、北は九重町と由布市（庄内町）に接している。また、河川では大野川の源流を有しており、一日に数万トンの湧出量ともいわれる湧水群を誇る水と緑があふれる自然豊かな地域である。山々から湧き出る豊かな名水は全国的にも知られ、下流域の多くの人々の生活を支えており、こうした大自然の恵みを活かした農業や観光が基幹産業となっている。

観光資源としては、岡城跡、武家屋敷、瀧廉太郎記念館などの史跡や文化財、絶え間なくこんこんと湧き出る竹田湧水群や白水の滝などの名水、さらには日本一の炭酸泉といわれる長湯温泉、開放感あふれる雄大な久住高原が訪れた人たちを魅了している。中でも久住の花公園は大分県を代表する観光施設として知られている。

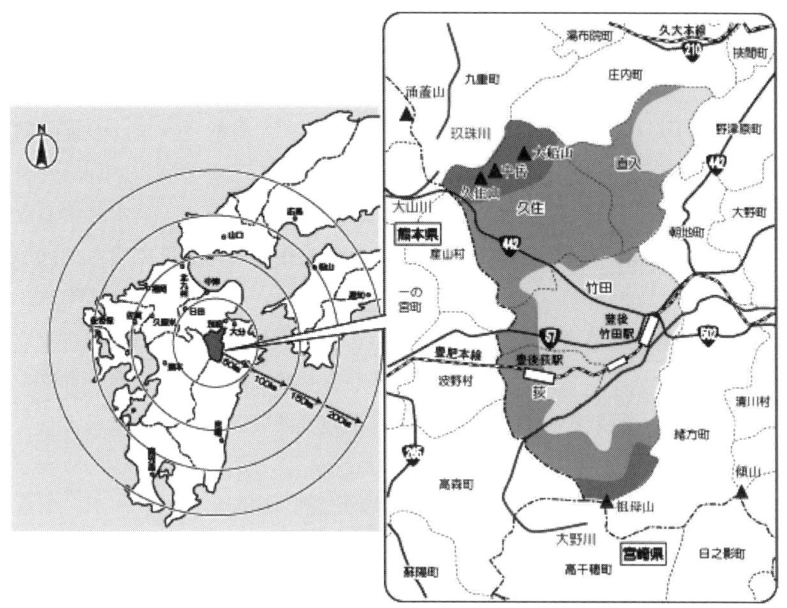

【図8－2】竹田市の位置
出所：竹田市ホームページより

2．長湯温泉

長湯温泉は、大分県の西部にある小さな温泉地で、近くには別府温泉や湯布院温泉がある。この温泉地が生き残るためには、徹底した差別化が必要であった。

（1）歴史

長湯温泉のある竹田市長湯地区の人口はわずか1742人（2010年3月現在、竹田市市民課のデータより）である。JRも高速道路も国道さえ通っていない山間の小さな町である。長湯地区が含まれる旧直入町は、温泉と農業の町であるが温泉利用の歴史は古い。

大分県直入町［2005］によると、1930年代には早くも長湯温泉出身の御厨重徳は「長湯観光協会」を設立し、長湯温泉のPRを始めた。そのきっかけは「長湯温泉が世界稀有の含炭酸泉である」という調査結果を発表した旧九州帝国大学の松尾武幸博士の励ましであった。人里離れた山間の温泉の良さを広めようとしたが、戦争により長い沈滞期を迎えた。

長湯温泉の大きな転換期は、1987年に訪れた。入浴剤「バブ」の製品開発に懸命だった花王（株）から「長湯は日本一の炭酸泉」という報告が届いたことに始まる。その後、「全国炭酸泉シンポジウム」を開催したり、手本とするドイツの温泉保養地バート・クロイツィンゲンと友好都市になることにより、「飲泉場」が整備された。

竹田直入温泉連絡協議会［2012］によると、二酸化炭素は脂に溶けやすく皮膚からよく吸収される。また、飲むと爽快感があり食欲が増すという。胃酸や胃液の分泌が促進され吸収を助ける。そして、胃の表面では二酸化炭素によって血流が増加する。

そして、1998年に公営温泉、温泉療養文化館「御前湯」がオープンすると、それまでの整備努力や広報活動が功を奏し観光客が急速に増えた。

（2）現状

長湯温泉は、【図8－3】にあるように、1991年には、日帰り客10.5万人、宿泊客11万人で観光客数合計21.4万人であった。1998年に公営温泉「温泉療養文化館」ができてから、観光客は急速に増え2006年には83万3000人まで増加し、1991年に比べて約4倍に増えた。また、その年宿泊客も16万4000人と過去最高の宿泊客数を得た。その後、若干の増減はあるが、観光客数は約70万から80万人を推移しており、宿泊客数も11万人から13万人を推移している。

長湯温泉は、すぐ近くに別府温泉と湯布院温泉が存在し、近くに駅もなく高速道路も乗り入れていない人口3000人の盆地の小さな温泉としては驚異的な数字を維持していると考えられる。

2012年1月末現在、長湯温泉の宿泊施設は17軒で、そのうち長湯温泉旅館組合に加盟しているものは14軒である。部屋数は171（長期宿泊タイプの9棟を含む）で定員は580名（長期滞在施設は定員4名で算出）となっている。また、宿泊を伴わない温泉施設は 11 軒、日帰り客を受けている旅館も 14 軒あり、小さな温泉地で、宿泊を伴わないで温泉に入浴できる施設が 25 軒もあることになる。

国際観光旅館連盟［2013］によれば、2011 年の全国の国際観光旅館連盟加盟旅館（データ数 194 旅館）の定員稼働率の平均は 34.5％となっている。また同じく加盟の小旅館に限ると定員稼働率の平均は 25.7％となる。

長湯温泉では、2011 年において宿泊客が 11 万 7000 人であったが、定員 580 名として定員稼働率を算出すると 55.3％となる。その率は国際観光旅館連盟加盟旅館の平均 34.5％の 1.6 倍となり、また、小旅館の平均 25.7％と比べると 2.2 倍と非常に高い数字を示している。つまり、安定した宿泊客数を確保しているといえる。

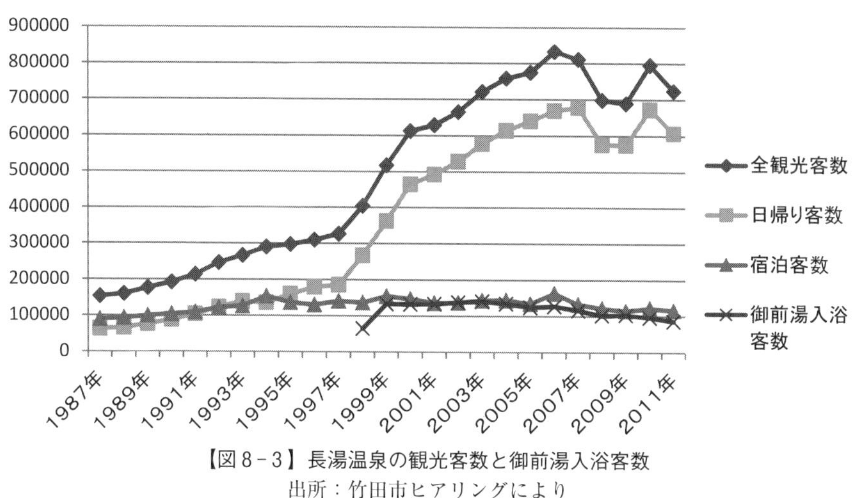

【図 8－3】長湯温泉の観光客数と御前湯入浴客数
出所：竹田市ヒアリングにより

3．長湯温泉の取り組み

（1）ドイツの温泉保養地

大分県直入町［2005］によると、温泉地の気候風土に脱ストレス作用があるのは分かっていたが、生活習慣病に保険適用するのは壁があり難しかった。竹田市は、「湯治」の文化が色濃く残っており、現在までドイツとは 23 年間、チェコ・

ハンガリーとも交流を行っている。長湯温泉には炭酸の源泉が60本もあり、しかも炭酸の濃度が250PPMと他の国や地域と比べて非常に高い数字である。炭酸泉は日本では少なく貴重な存在である。脂や汚れを気泡に吸いつけて取り去ることができるため、最近はエステなどで人工の炭酸泉が導入されている。毛細血管を拡張して、血液循環の促進を図り、血圧低下作用がある。

温泉の原点は、保養タイプのバート・ナウハイムやリゾートタイプで有名なバーデンバーデンである。バーデンバーデンは、リゾートタイプの温泉地に特化して世界からの観光客を集めるためセンスで街を磨く戦略をとり今に至っている。バート・クロイツィンゲンはその中間で、保養地とリゾート地の両方を備えた戦略をとっている。バート・クロイツィンゲン市の温泉は、心臓・循環器疾患・リュウマチの効能に優れるため、心臓センターと7つのリハビリテーション病院や多種多様な医療施設が整えられており、国際的な療養地として評価されている。先年、温泉保養100周年の行事が行われたが、バート・クロイツィンゲン市は温泉療養の効能を研究しアフターケアに特化することになり、フライブルク大学医学部の心臓病医療センターを開設して温泉地でのリハビリに力を入れている。

（2）湯布院のクアオルト

温泉クアオルト研究会［2012］によると、湯布院温泉が取り入れた「クアオルト」はドイツ語でKurort保養地を意味する。「クア（Kur）」は保養、療養を意味し、「オルト（Ort）」は場所、土地を意味する言葉であり、直訳すると保養地という意味である。クアオルトの本場ドイツでは、健康を中心とした（環境負荷の少ない）街づくりを行っている自治体（約5000）のうち、法律によって特に高品質な滞在環境を持ちかつ医療目的施設を完備するなど、一定の基準を満たした自治体（地域）を国が「クアオルト」として指定しており、2007年現在374箇所ある。そのうち、温泉を利用しているのは153箇所で、そのほかは泥炭や海水、気候や地形を利用した健康保養地である。ただ、上田［2012］によるとクオアルトにも課題がある。つまり、日本の温泉地が、ドイツと気候や、風土歴史が異なるなかで、ドイツから何を学べるのか。日本とドイツでは環境・景観の見方が異なっている。

たとえば、ドイツでは、森が都会と対比されおいしい空気が喜ばれ、周囲から街を見おろす視線つまり外側から内側を見る空間の公共概念がある。それに比べ、日本は鬱蒼とした森より木漏れ日がある明るい森が好まれる。そして、まちから周囲を望む、つまり内側から外側を見る視線で四季の移り変わりを感じることが多いといわれる（上田［2012］）。

（3）差別化戦略

長湯温泉は、別府温泉や湯布院温泉に近く、規模では全くたちうちができない。さらに、別府温泉との差別化を図ることで伸びてきた湯布院温泉があるため、差別化を図るためには湯布院温泉のクアオルト構想にくみすることができない状況であったが、1987年の「日本一の炭酸泉」宣言から独自の戦略で歩みだした。

また、長湯温泉は、1978年に環境庁（省）の「国民保養温泉地」の指定を受けていたこともあり、もともと湯治客を受け入れていた文化を前面に出すことにした。「国民保養温泉地」とは、環境省が、数多くある温泉地の中で温泉利用の効果が充分期待されかつ健全な温泉地としての条件を備えている地域を、国民保養温泉地として指定しているものである。国民保養温泉地の指定は、1954年から開始され現在までに全国で91地域が指定されている（環境庁HP、2011年1月現在）【図8－4】。

長湯温泉は、差別化戦略として他地域が追随できない次の要素に特化した。歴史的背景がある特徴を付加価値に結びつけたといえる。

【表８－１】長湯温泉と湯布院温泉の動き

長湯温泉と湯布院温泉の動き		
	湯布院温泉（由布市）	長湯温泉
16世紀		湯原温泉（療養泉）
1781		岡藩は繁栄の「御前湯」を建設
1933		長湯観光協会
		（沈滞期）
1959	国民温泉保養地指定	
1971	中谷氏３名ヨーロッパ視察	
1978	ドイツのクアオルト視察30名	国民温泉保養地（環境庁）
1980	議会「健康増進の町」宣言	
1982	温泉保養館のための100日シンポジウム	
1983		
1984		「直入ラベル」のドイツワインの限定輸入3000本
1985	クアオルト構想推進委員会	
1986		
1987		花王から日本一の炭酸泉お墨付き。ドイツワイン年間売り上げ10000本
1988	健康温泉館建設議会で決定	
1989		「全国炭酸泉シンポジウム」
1990	健康温泉館クアージュゆふいん	ドイツへ第１次研修班３名派遣
1993		飲泉場 COLONADA 完成
1998		温泉交流館「長生館」、温泉療養文化館「御前湯」が完成
2004		「天風館」
2005	合併して由布市	
2006		「ラムネ温泉」
2007		「万象の湯」
2008		
2009	若手経営者ドイツ視察	
2010	由布市クアオルト研究会	
2011		
2012	温泉クアオルト研究会イン由布市	

出所：筆者作成

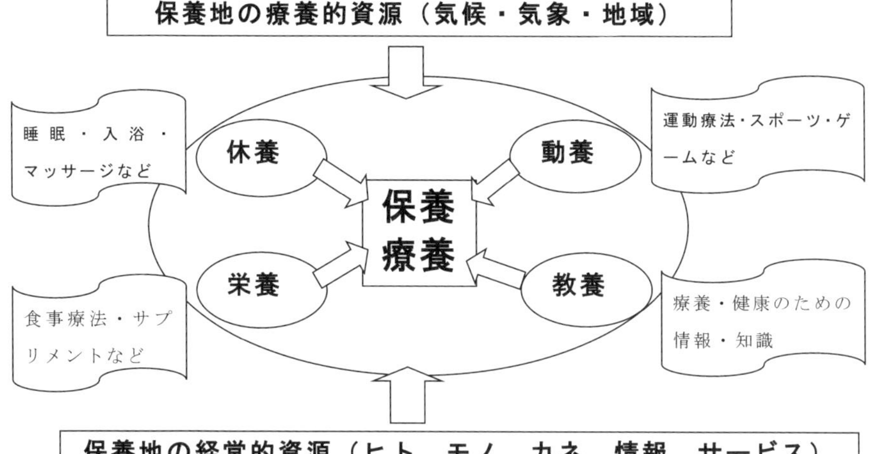

【図8－4】温泉保養地の基本的枠組み
出所：光延［2012］より加筆修正

1）「炭酸泉」という地域資源を活かした温泉保養地としての個性化

長湯温泉は日本有数の炭酸泉が出ており、その湧出量が日本一であることを柱とした。また長湯温泉地域に根付いている湯治、外湯文化を前面に出した。

2）ドイツの同じ炭酸泉が出るまちとの国際交流

長湯温泉は、ドイツの温泉保養地と交流することで、「温泉保養地」としての長湯温泉のあるべき姿を地域住民が理解し、多くの住民がドイツの現地を見たことで確信をもった。そして、そのことが「地域資源」を「観光資源」に転換する力となった。

内田［2009］によると、「地域資源」とは、地域にある自然の恵みあるいは歴史がはぐくんだ遺跡や史跡さらに地域の産業が作る製品やサービスを指す。

それに対して、「観光資源」は、岡本［2002］によると、「観光者の要求や期待とは無関係に存在しているものの、実際に人々を観光行動に駆り立てる事柄のこと」である。

人口3000人を切るまち（旧直入町）で、住民約300名がドイツを訪問して、ドイツから同じく約300人が来ている。ドイツとの交流で現地を訪問することで温泉保養地についての理解が深まったこともあり、ラムネ館や飲泉場はヨーロッパ風に作られて、若い観光客も欧風の建築物や雰囲気にも興味を示すようになり、湯を訪れるようになった。

3）外湯巡りの文化を大切にする

長湯温泉は、小さな温泉地であり旅館や温泉施設が非常にコンパクトに配置され、もともと江戸時代から庶民も泉質や効能が異なる温泉を試す外湯文化があった。その原点に戻り「外湯巡り」をすすめることでまちを散策する人を増やし、外湯の活用を地域全体の活性化につなげている。【図8－5】にあるように外湯をめぐることでまちあるきにつながり、人の流れが多くなる。旅館が外湯を薦めた

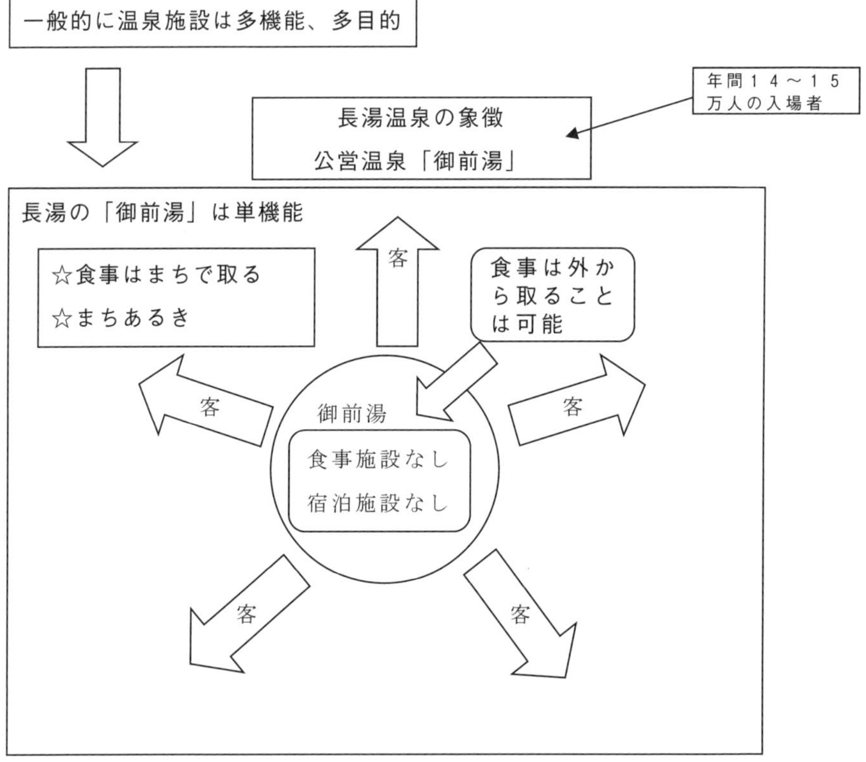

【図8－5】長湯温泉のコンセプト
出所：筆者作成

り、あるいは内湯の利用を薦めることで17旅館と11温泉施設がそれぞれの特徴をうまく出しながら棲み分けがうまく機能している。

近世～近代

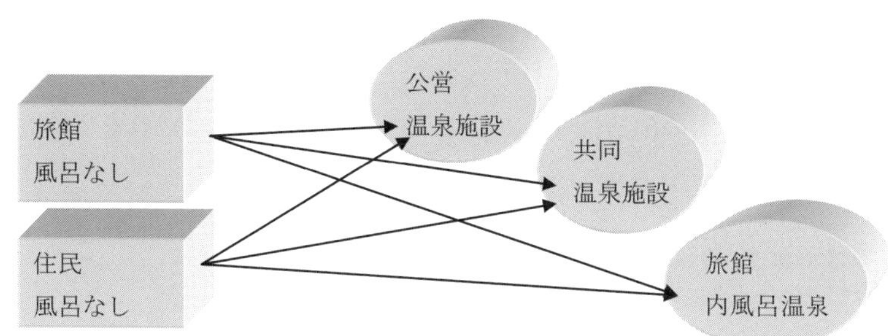

現代

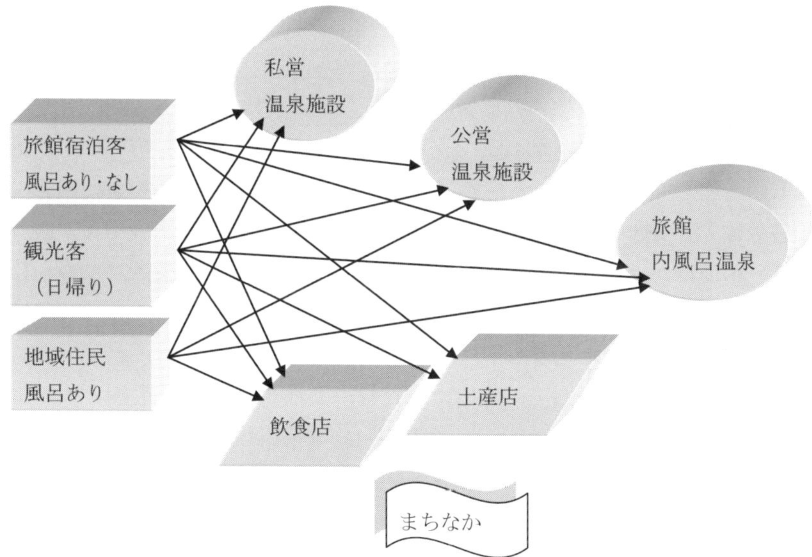

【図8－6】長湯温泉の外湯文化の変遷
出所：筆者作成
（矢印→は人の流れを表す）

4）人材の育成

長湯温泉がある竹田市では、これらの差別化を実践するために行政と民間が一体となり「温泉保養地」運営を推進する専門家を育てることを目的に、先述の「竹田市新生プロジェクト」では、「竹田総合学院」、「竹田総合地域学センター由学院」を立ち上げて人材育成を推進している。

地域ブランドは、地域資産を棚卸して背景にある歴史文化や伝統とすり合わせ、そこから地域資産の意味付けとしてコンセプトを抽出し体験をデザインすることで確固たるブランドの創造になるといわれるが、長湯温泉はそれを実践している。

4．長湯温泉療養文化館「御前湯」の建設

（1）御前湯効果

竹田市［2013b］によると、長湯温泉の1997（平成9）年の日帰り観光客数は32万6426人で、宿泊客数は14万731人であった。御前湯は、公営の温泉施設として1998（平成10）年10月にオープンしてその年に6万4862人の入浴者があり、日帰り客と宿泊を合わせた前年からの増加人数分は7万7740人と、実に83.4％を示しており観光客数増加に貢献したと思われる。

さらに、オープンの翌年1999（平成11）年は、御前湯の入浴客数は6万8189人しか増加していないのに、観光客数は11万2581人増加している。内訳は、宿泊客数は1万7830人の増加で、日帰り観光客数は9万4571人の増加である。つまり、御前湯ができたことで、知名度があがりPR効果が出てきたため、【図8－3】のグラフの「日帰り観光客数」の伸びから見ても御前湯に入らない日帰り観光客数も大きく増えたと考えられる。

御前湯の建設費に関して、竹田市の資料によると1998（平成10）年の完成までにかかった費用は、5億900万3000円（約5億円）である。

御前湯ができたことで、観光客数が7万7740人増えたと述べたが、竹田市の2001（平成13）年の「観光客一人当たりの消費額」は2844円と出ている（平成10年度の数字は不明）。その内訳は、宿泊費、飲食費、土産品費、域内交通費で、宿泊客も外湯を利用すると考えて試算すると、

7万7740人×2844円＝2億2109万2560円・・・約2億2000万円

つまり、前年と比べて約2億2千万円の消費効果が出たと考えられる。

2006（平成18）年には、御前湯のオープン前の1997（平成9）年に比べて、観光客数は、実に50万6338人（約51万人）増えたことになる。先ほどの「一人当たり観光消費額」で試算すると、御前湯ができる前に比べて約14億4000万円の消費額が増えたことになる。結果的に、御前湯への投資効果は、長湯温泉に投資額を上回る大きな効果をもたらしたといえる。

（2）人気の陰り

しかし、2004年ごろから、「御前湯」の入浴者数が前年を下回るようになり【図8－3】、それに引きずられるように2007年から日帰り観光客数の減少が始まり、宿泊客と合わせた合計の観光客数も減少に転じた。この「御前湯」の入浴者数の減少には理由があり、2006年から2007年にかけて、「あすかの湯」「ラムネ温泉」「万象の湯」の私営温泉施設が続けて開業した影響が考えられる。また、2005年の市町合併で「御前湯」の運営が市直営から委託という形になったこともある。竹田市へのヒアリングによると、上記3館で年間約25万人の入浴者があるという。「御前湯」の入浴客は減少し始めているが、全体として外湯の利用者は増えている。また、全体の観光客の落ち込みの理由は、競合地域との競争力が若干落ちてきたためと考えられる。つまり、組織としての協調性や情報発信力が少し落ちてきて、イベントをする回数が減少してきたことが理由としてあげられている。

（3）テレビ放映の効果

2010年に、テレビ番組、テレビ朝日系列「たけしの健康エンターテインメント！　みんなの家庭の医学－名医が認定！　病を予防する温泉に学ぶ最新健康入浴法スペシャル」2時間のスペシャル番組で長湯温泉が大きく取り上げられた。

内容は炭酸泉の効能についてであり、長湯温泉全体の効能という形であった。この時期は、まだ、「温泉療養保健制度」は始まっていなかったのでD（ダイエット）級グルメもなかった。あくまで、「健康・医学的」に長湯温泉をひも解く番組であった。しかし、そのPR効果は大きく、2009年に比べて2010年（テレビで放映された年）は、日帰り観光客数が57万3905人から67万2516人へ9万8611人（17.1％）増加し、宿泊客は11万5709人から12万3160人と7451人（6.4％）増加した。

（4）リニューアル再投資

長湯温泉が2010年に有名テレビ番組でとりあげられ、日帰り観光客、宿泊客とも増加したが、御前湯が建設後10年以上を経て、新鮮さが薄くなってきたこともあり、大規模な改装を行うことになった。その投資額は、2674万7700万（約2700万）円であるが、2012年4月の営業再開後は、全体的に前年に比べて堅調な動きをしている。

5．竹田版湯治「温泉療養保健システム」――ヘルス・ツーリズムの例

（1）温泉療養保健システム

日本では、社会保険を利用するドイツのような「保険システム」の導入は極めて困難であるといわざるを得ない状況である。そこで、竹田市は基礎自治体の独自施策として「温泉療養保健システム」に取り込むことにした。背景には、温泉による自然治癒力の向上（免疫力の増強）と長期滞在型の観光振興を目的にシステム構築への挑戦である。

この「温泉療養保健対象者」は、

①3泊（期間内3泊）以上竹田市内の宿泊施設に宿泊する方、

②温泉施設を宿泊数の半数回以上利用する方（ビジネス旅館など温泉のない宿泊施設に滞在する場合）、

③温泉療養保健パスポートの給付を受けた方（温泉療養保健会員としての会員登録）、

である。

そして保健給付は、宿泊に関しては3泊以上の宿泊の場合に1泊当たり500円を給付（上限は14泊）（ただし、温泉のない宿泊施設利用の場合は、宿泊日数の半分以上の回数の温泉施設（外湯）利用が条件）で、温泉施設に関しては、指定

の温泉施設利用の場合は1回当たり200円を給付（上限は1日2回まで）する【図8－8】。

その結果、2011年度は3つのフェーズで543名がこの制度を利用して延べ2877泊をし、平均5.3泊の宿泊をしたことが分かった。給付金額は総額168万円となったが、国土交通省観光庁［2012］の平均宿泊数より3日以上伸びており、対費用・投資効果は非常に大きい【図8－7】。

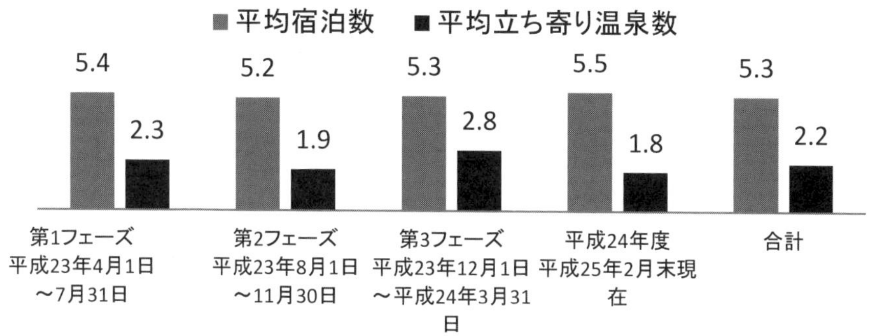

【図8－7】竹田市温泉療養保健システム実績
出所：竹田市［2013a］

温泉療養保健対象者

① 3泊以上竹田市内の宿泊施設に宿泊する方
（ただし、期間内3泊以上）

② 温泉施設を宿泊数の半数回以上利用する方
（ビジネスホテルなど温泉のない宿泊施設に滞在する場合）
③ 温泉療養保健パスポートの交付を受けた方
（温泉療養保健会員としての会員登録が必要）

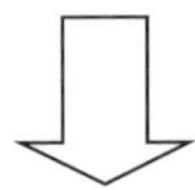

＜システム参加施設＞（2013年度）
宿泊施設33（温泉あり）
温泉施設19（宿泊なし）
レストラン・飲食店など34

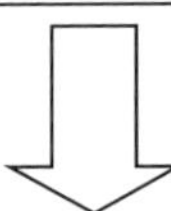

保険給付

＜宿泊＞
◇3泊以上の宿泊の場合　1泊あたり500円を給付
（上限は14泊）
（ただし、温泉のない宿泊施設利用の場合は、宿泊日数の半分以上の回数の温泉施設（外湯）利用が条件。）
※算出基準：朝食付き宿泊料を5,000円として、その10%を給付の基本としている。

＜温泉施設＞
◇指定の温泉施設利用の場合1回あたり200円を給付（上限は1日2回まで）

【図8－8】竹田市温泉療養保健システム
出所：竹田市［2013a］

竹田市が、この保健適用システムを、なぜ細かく期限を切って検証しながら進めているのかというと、先行事例がなく、比較できないため、すべて自分たちで試行錯誤しながら進めているためである。

2011年度は、第1フェーズでは、パスポートの申し込みは149人で、実際の適用は134人で、第2フェーズは441人のうち実際は285人の申し込みであった。第3フェーズは、193名の申し込みで申請は124名であった。人数が異なるのは、申し込みはしたが申請をしなかった観光客がいることを示している。

竹田市での取り組みの窓口は商工観光課と竹田市観光ツーリズム協会であるが、市の政策としては市民にも適用したいという意向があり、原資は、内閣府の経済対策交付金と以前から付き合いのある温泉関係の商品を製造販売している企業からの寄付金5000万円で実施している。ただ、もし観光客だけをターゲットにして長期滞在客増加を仕掛けるだけなら、入湯税を充てることも可能である。参考に、別府市では、入湯税は年間約3億円あり、竹田市の首藤市長によると、伊豆市では1億2000万円の入湯税の半分は観光政策に関わる用途（人件費や設備費用）に残り半分は観光振興に使うように関係機関に配分しているという。入湯税をいかにしっかりと観光政策に使うかは、行政が責任を持って考える必要がある。また、このプログラムが発表されてから、30を超える自治体から竹田市に視察団が来た。もちろんマスコミの露出も増えている。

竹田市は、「国民保養温泉地」（および「ふれあい・やすらぎ温泉地」）の適用を受けながら、「湯治の伝統」があるまちとして、「外湯巡りの重要性」と「温泉を飲む」ことも広げたい意向がある。また、三朝温泉にあった国立温泉研究所（岡山大学）が閉鎖されるという状況で、竹田市が立候補している。個性のある温泉地を形成しているので、その特徴を最大限活用したいと考えている。

（2）予算と課題

この温泉療養保健システムには2011年度約600万円、2012年度約1000万円の予算がついた。予算の内訳は保健給付や手数料350万円、印刷製本150万円、モニターツアー・シンポジ開催・ツアー商品造成300万円、広告宣伝150万円などである。

課題も多くある。現在は、観光客の長期滞在を増やすために商工観光課と竹田市観光ツーリズム協会が数名で兼任しながら行っている。専任を3、4名置くと1000万円はコストがかかるため現実的ではない。

第2フェーズからは、長湯温泉だけでなく久住温泉も動き始めており、合宿を受けたケースも出てきている。長湯温泉でもラグビーの合宿（正直屋)、天満屋の陸上部（かわせみ）など、多い時は100名近くを分宿で受けている。

ただ、情報の共有がうまく行かない場合があり、旅館のオーナーは理解していても、従業員や現場の対応がまずいケースもある。地道に、お客様のために、「いかがでしょうか」と制度を進めることができるかにかかってきている。

また、別の問題も出てきた。長期滞在のプログラムをモニターツアーで調べると、1）血圧が下がった、2）ストレス度が下がった、しかし、3）体重が増えた、という結果になった。

温泉旅館は、料理内容も競いあっておいしいものをいかに見栄えよく食べてもらうかに力を入れており、カロリーは念頭にないことが多い。そこで、健康を目指すのに体重が増えるのは良くないため、「D（ダイエット）級グルメプロジェクト」という制度をスタートさせた。500カロリーを基準に、レストランから食事を提供してもらう形である。しかし、当然ながら旅館の参加はほとんどなく、宿泊分離を推進することにもつながっている。

D級グルメの予算は2011年度緊急雇用で対応約700万円である。ただし、D級グルメだけではなく郷土の食ブランド事業としてほかの業務も行っているため、純粋にD級グルメの事業費とはいえない。

その他、温泉療養保健事業を行う事務員については、2011年は緊急雇用、2012年は臨時職員として、上記とは別に130万円の賃金経費がかかっている。

このシステムでわかった温泉地のヘルス・ツーリズム化の有効性のポテンシャルをより拡大するための課題として、受け入れ側として、「長期滞在者向けのプログラム」を充実させる必要性を感じている。たとえば、健康プログラムとのセッティングとしてウォーキング、トレッキング、サイクリング、ヒーリングセラピーを宿泊とセットにしている。また、食に関しては既述の「D級グルメ」として栄養バランスの取れている地域の食材で低カロリーのおいしいメニューを観光客に提供している。さらに、これらをベースにした着地型旅行商品も開発しており、長期滞在客の確保に力を注いでいる。

6．まとめ

長湯温泉は、江戸時代から藩主の湯治にも使われ、藩営の湯治場としても歴史があるが、近代になってもひっそりとしたさびれた温泉地であった。しかし、1987年「長湯は日本一の炭酸泉」という報告が出されたことが、新しい今の現代湯治への業態転換につながっている。その後、旧直入町は、温泉地を活性化するためドイツへ視察に行き、同じ県内にある別府温泉や湯布院温泉とは異なる方向性を目指した。

観光客数に大きな変化が生じたのは、1998年に公営の温泉施設「御前湯」が建設されてからである。その外観がモダンなこともあってメディアに取り上げられたりしたが、飲泉場を設けることで湯につかるだけではなく、体内に取り込むという長湯温泉本来の利用の仕方も広がり観光客は一気に増加した。さらに、私営の温泉施設も次々に建設され、旅館の内湯を外湯として宿泊者以外に開放する動きも加速して、小さな温泉地は、「湯治」や「外湯」を楽しむ人たちが続々と長湯温泉に来ることになり「湯治文化」「外湯文化」が定着したと考えられた。

しかし、ここ数年は近隣温泉地との競争や外湯や湯治の新鮮さが薄れたせいもあり観光客は伸び悩んでいる。この状況を打破するために、竹田市は日本で初めてといえる公的給付金による宿泊と温泉利用をサポートする制度「竹田市温泉療養保健」システムを実施し、新規客や延泊客を確保する努力をしている。新規あるいはリピーターかは明らかになっていないが、この制度での宿泊客は2011年も2012年も平均5日以上滞在するという結果が出ており、この竹田市温泉療養保健システムは宿泊増加に対して大きなポテンシャルや可能性を持っていることが分かった。

第Ⅸ章　構造転換の可能性と投資の「経営指標モデル」

1．経営指標と旅館・サービス業

（1）ヘルス・ツーリズムの導入が及ぼす旅館への影響

日本においては、温泉地が増えて温泉公衆浴場が増えているが、旅館数は減少し続け、さらに宿泊者数も年々減少していることはすでに述べた。その原因は、交通網が発達したことで日帰り観光が可能になったことも影響していると思われるが、旅館自体にも「泊食分離」が取り入れられ始めており、収入を増やすためにはいかにして宿泊者数を増やして経営状況の改善に結びつけるかに知恵を絞っている。

本書で取り上げた天草の一旅館の取り組みでは、小規模旅館が置かれた厳しい状況の中、ヘルス・ツーリズムを取り入れることで、旅館の持つ人と人との触れ合いの場という側面をもう一度再認識し、旅館と宿泊客との関係を密にすることに成功し、経営状況の改善に結びつけていることがわかった。その手法が、天草ヘルス・ツーリズムである。

ヘルス・ツーリズムにより天草プリンスホテルの売り上げや宿泊人員が増加したことは、第Ⅶ章で述べたが、本章では具体的にそれがどのように経営改善に結び付いているかを、具体的に、経済・経営的手法により、検証する。

まず、経営分析においては、決算書からの情報が必要であるが、国際観光旅館連盟［2013］によると、旅館ホテル経営においては、会員同士であってもお互いの経営状態を知りあうことは簡単ではない。したがって、本論文では国際観光旅館連盟［2013］の194旅館のデータとヒアリングデータから推計を行う。

本章では、ヘルス・ツーリズムの効果をさぐるため、天草プリンスホテルの損益計算書と国際観光旅館連盟の旅館の平均、あるいは小旅館の平均、小旅館の黒字旅館・赤字旅館の数値と比較する経営指標モデル分析で、ヘルス・ツーリズム効果を調べる。

（2）利益――経営指標分析

損益計算書で示される利益には5種類ある。

「売上総利益」「営業利益」「経常利益」「税引前当期純利益」「当期純利益」

①「売上総利益」＝売上高－売上原価（俗にアラリ、粗利益という）

②「営業利益」＝売上総利益－(販売費および一般管理費)

［旅館の場合②’GOP 利益（償却前利益）＝営業利益＋減価償却費等も重要］(注1)

③「経常利益」＝営業利益＋(営業外収益－営業外費用)

(経営分析の際に非常に重要な指標、ケイツネという)

④「税引前当期純利益」＝経常利益＋(特別利益－特別損失)

⑤「当期純利益」＝税引前当期純利益－(法人税等)

（3）売上総利益

売上高総利益率は売上総利益÷売上高である。

1）ものづくり・製造業は、原材料が多く、売上げ原価は大きい。しかし、技術力や特殊技術を持った会社は高い利益率を確保できるといわれている。

2）サービス業は、原材料よりも人件費等が主体なので、旅館業は業種として、売上原価が小さく、売上総利益が大きいという特徴を示している。黒字旅館、赤字旅館、そして大旅館も小旅館も構成比率は大きく変わらず70％台を示している。売上が大きく伸びても、当然その伸びに比例して食材や宿泊客に関わる経費は伸びるため売上原価も増えることになる。

（4）営業利益

営業利益は、損益計算書の中でも重要な利益の一つである。

経営指標として売上高は重要であるが、大きなポイントになるのは営業利益で、売上総利益から販売費および一般管理費を除いた利益で、販売費および一般費用の構成比が重要になってくる。

国際観光旅館連盟［2013］によれば、赤字の小旅館では、販売費用および一般管理費用が売上総利益より約15％多く、すでに営業利益段階で大きく赤字になっている。

経済産業省［2010b］によれば、一般的にいって、売上高利益率を改善するには、①販売価格の安定（値引き販売の防止）、②仕入れ原価の低減（大量発注などによる単価低減）、③利益率の高い取扱商品への絞り込み、④商品の破損、紛失などの防止等の方策が考えられる。逆に、販売費および一般管理費（営業経費）の比率が高くなると、営業利益率や経常利益率が低くなってしまう。

旅館業に置き換えると、売上高利益率を改善するためには、①安売りをしない、②料理の材料を工夫する、③利益率の高い商品、競争力のある商品、つまり商品の「高付加価値化」による販売量の増加等が考えられる。

つまり、旅館としては付加価値をつけて売上高を伸ばすのと同時に、費用の支出を抑えることが重要で、大きな設備投資のコストが発生しないヘルス・ツーリズムは最も適した選択枝の一つと考えられる。

2．ヘルス・ツーリズムの高付加価値化による効果が及ぼす旅館への影響——天草の分析

（1）天草プリンスホテルの天草ヘルス・ツーリズムにおける投資について

天草の事例では、このプロジェクトにかかった経費としては次のものが考えられる。

1）天草ヘルス・ツーリズムを実施するための準備にかかった経費

天草の事例では、旅館自体への投資ではなく、天草ヘルス・ツーリズムを実施するにあたり「ガイドの勉強」すなわち地域の歴史・文化・産業、動植物の名前や、食や特産品などについて地域に関わる情報を覚え、それをガイディングする能力を身につけたことが特徴である。

女将は、2009年にこのプログラムを始めるまでに3年間の間、いろいろな研修プログラムを受けているが、実質的な研修経費は発生していない。ヘルス・ツーリズムとして安全に宿泊客を引率するために、天草プリンスホテルの女将は3つの資格を取得しているが、いずれも行政主催のガイド資格であり、実際には受

講コストはかかっていない。

①ガイドの講習・・・3つのボランティアガイド研修を受けた。

②歩き方、ウォーキングの方法・・・健康福祉課の「歩き方講座」を受講。

③プログラム内容について・・・地域医療福祉センター院長にアドバイスを受ける。

④低カロリーの朝食・・・管理栄養士と相談。

これらの準備がヘルス・ツーリズム実践の根幹になっている。

2）毎朝2時間をヘルス・ツーリズムに費やすコスト（みなしコスト）

基本的に毎日朝の7：00～9：00の2時間、女将とフロント係の一人が、旅館を離れて外に連れてゆくことになる。実際は発生していないが2時間のコストを算出してみる。

①女将のヘルス・ツーリズムにかかわる経費

国際観光旅館連盟［2013］によると、加盟小旅館の常勤役員の平均給与は578万円となっている。月に25日8時間勤務したとして、時間給は@2408円となる。

@2408円×2時間＝4816円・・・・・①

②スタッフのヘルス・ツーリズムに関わる経費

加盟小旅館の正社員の平均給与は300.6万円なので、月に25日8時間勤務すると、時間給は@1253円となる。

@1253円×2時間＝2506円・・・・・②

したがって、毎日4816円＋2506円＝7322円のコストがかかることになり、1年間には250日間ヘルス・ツーリズムを実施したとして、7322円×250日＝183万500円（約183万円）のコストが本来はかかる。

しかし、ヘルス・ツーリズム開始時の2009年に比べると2011年には2918万円の売り上げが増加したことを考えると、実際にこのコストがかかったとしても、コストパフォーマンスは非常に高いといえる。

一般的に、企業の経営状況を判断するのに、利益の金額や、売上高利益率が大事であるが、資本主義の世の中では、投資の効率を図ることが重要といわれている。他の費用が同じで上記の金額を投資金額とすると製造業ではありえない驚異的な投資効率、つまり、183万円の投資で2918万円の利益が増えたということになる。

（2）販売費および一般管理費

売上総利益が同じでも、販売費および一般管理費が大幅に違うことがある。

旅館業は、費用の中で人件費の占める割合が30％後半から40％を占めており比率は高い。したがって、売上高を伸ばす際にも、やみくもに人件費を増やすわけにはいかないが、旅館業の特徴である時間帯による仕事の内容の濃淡をうまく活用できれば人件費を増やさずに営業効率を上げることも可能になる。

天草の事例では、基本としてウォーキングは女将とスタッフ1名の2名が対応する。女将の都合悪い場合は、スタッフ2名で対応し、都合で朝行けない場合や、午後からの希望がある場合は別のスタッフがまち歩きを案内する。そして、連泊する人がいる場合は、プログラムが重ならないようにしている。

また、プログラムの催行に関しては、よほど天候が悪く危険でなければ、宿泊客の要望に応じて実施する。車中からの見学だけでも行う。必ず実施するという事実「定時性」も売りになっている。

つまり、旅館においては、午前中のチェックアウト時はフロントが一番忙しくなる時間帯といえる。その前の起床から朝食の時間はある程度込み具合を予想することができるため、ちょうどその時間に宿泊客をウォーキングに連れ出すことは、スタッフの人数を増やすことなく対応ができることになる。

ちなみに、旅館の費用には次のようなものがある。（国際観光旅館連盟［2013］による）

【表9-1】旅館の費用区分一覧（一部）

人件費	給与、賞与、法定福利費、その他人件費、外注費
営業経費	送客手数料、カード手数料、広告宣伝費、接待交際費、旅費交通費、客用消耗品費、洗濯リネン費
管理経費	水道光熱費、修繕費、備品費、賃貸料、通信費、その他
減価償却費	減価償却費

出所：国際観光旅館連盟［2013］

ここで、小旅館の黒字旅館と赤字旅館について比較してみる。

人件費についてみると黒字旅館35.7％に対して赤字旅館43.8％となっている。

営業経費は黒字旅館10.9％、赤字旅館13.4％、

管理経費は黒字旅館16.4％、赤字旅館24.9％、

となっている。

つまり、赤字旅館は黒字旅館に比べて人件費で8.1％、営業経費で2.5％、管理経費で8.5％、費用の支出が多いことが分かる。もちろん売上高の大幅増があれば、これらの構成比は下がると思われるが、費用を急に下げるのは難しいのが現実である。

しかし、国際観光旅館連盟［2013］によると、小旅館の旅行業社依存はすでに30％に減少しており、大旅館の約4割は旅行業社依存を減らしている。それ以外にも自社サイト以外のインターネット予約が20％あるため、これらの旅行業や自社サイト以外のインターネット・エージェントからの予約を減らすことで、送客手数料を大幅に減らすことは可能である。

（3）リピート客を直接申込みにすることによる送客手数料の削減

天草プリンスホテルの女将のヒアリングによると、年間宿泊者の約8割がヘルス・ツーリズム参加者で、そのうち1割以上が直接申し込みになるという。

つまり、2011年で見てみると、試算上は、年間宿泊者数の80％の1割の人が直接手配になることで、平均単価1万2000円とすると、その15％（推計）の送客手数料を減額することができることになる。

1万3198名×0.8×0.1≒1055人

1万2000円×15％＝1800円

1055人×1800円＝189万9000円（約190万円）

試算上は年間190万円の支払い手数料を減らすことができ、経営改善に役立つことにつながる。

【表9－2】天草ヘルス・ツーリズムの投資とその効果

	内訳	内容	コスト	備考
ヘルスツーリズム開始前にかかった経費	1．ガイドの講習を受講	3つのボランティアガイド研修	行政負担	
	2．歩き方、ウォーキングの方法	天草市健康福祉課の「歩き方講座」を受講	行政負担	
	3．プログラム内容について	地域医療福祉センター院長	実質なし	個人的なつながり
	4．低カロリーの朝食メニュー作成	管理栄養士と相談	実質なし	通常業務範囲内
ヘルスツーリズム開始後にかかったコスト（みなしコスト、実際にはかかっていないが費用とみなす）	人件費	イ．女将のヘルスツーリズム	国際観光旅館連盟［2013］により計算すると、時間給は@2408円となる。 @2408円×2時間＝4816円	国際観光旅館連盟加盟小旅館の常勤役員の平均給与は578万円
		ロ．スタッフのヘルスツーリズム	時間給は@1253円となる。 @1253円×2時間＝2506円	同じく正社員の平均給与は300.6万円
		イ＋ロ	毎日4816円＋2506円＝7322円 250日間ヘルスツーリズムを実施したとして、 7322円×250日≒183万500円（約183万円）	毎日のヘルスツーリズムにかかる人件費は試算すると年間183万円となる
ヘルスツーリズム導入で予想される経費削減効果	支払手数料削減	試算上は、年間宿泊者数の80%の1割の人が直接手配になるとすると	平均単価を12000円とすると、その15%の送客手数料を減額することができる。 1万3198名×0.8×0.1≒1055人 1万2000円×15%＝1800円 1055人×1800円＝189万9000円（約190万円）	年間190万円の支払い手数料を減らすことができ、経営改善に役立つことにつながる。
ヘルスツーリズム導入で改善された経営指標		売上高	2918万円増加	22.3%増
		減価償却費利益（GOP）	13.9%改善　0.2%から14.1%	注：10%以上が理想
		営業利益	15.2%改善　−6.8%から8.4%	
		経常利益	15.7%改善　−5.4%から10.3%	
		税引き前利益	11.6%改善　−4.8%から11.1%	
		労働生産性	490万円から603万円	23.1%改善
		労働分配率	54.9%から44.8%　10.1%改善	注：40%が理想
		定員稼働率	24.2%から29.2%　5%改善	注：黒字小旅館27.4%

出所：ヒアリングにより筆者作成

（4）生産性の改善度

①「労働生産性」

基本的な経営分析の観点は「収益性」と「安全性」であり、その「収益性」の比率指標の一部として「生産性」(注1)という指標がある。「労働生産性」(注2)は、労働集約型の旅館ホテル業においては重要な指標である。

国際観光旅館連盟［2013］によると2011年の「労働生産性」は大旅館889万円、中旅館678万円、小旅館559万円である。

黒字・赤字別にみると、大旅館黒字939万円・赤字829万円、中旅館黒字654万・赤字703万円、小旅館黒字712万円・赤字490万円となっている。

天草プリンスホテルにおいて2009年の労働生産性は490万円であったが、2011年には603万円まで大幅に回復させた。

②「労働分配率」

次に労働分配率がある。労働分配率＝人件費÷付加価値であるが、この比率は、業種によって差があるため、同じ業種の中で比較する必要がある。

長い間労働分配率40％以内が旅館ホテルの基準であるといわれてきたが、厳しい環境の中では小旅館は特に40％以内を維持することが難しくなっている。

2011年の数字では、大旅館は40.5％、中旅館43.4％、小旅館54.2％で、小旅館はその中で前年よりも4.4％悪化している。

労働分配率を黒字・赤字別でみると、大旅館と黒字の中旅館は労働分配率を40％前後に保っているのに対して、赤字の中旅館は44.9％となっている。小旅館は赤字も黒字もさらに悪い。大旅館黒字39.5％・赤字41.8％、中旅館黒字41.7％・赤字44.9％、小旅館黒字48.3％・赤字57.9％となっている。

天草プリンスホテルの労働分配率は、2009年の54.9％から2011年は44.8％に大幅に改善しており、ヘルス・ツーリズムによる販売増加が経営改善に大きく役立っていることが分かる。

（5）宿泊客増加による季節変動の解消

天草プリンスホテルは、2009年に比べて、2011年に関しては宿泊客数が大幅に増加した。売り上げが大幅に増加しただけではなくオフシーズンの売り上げの増加が目立つ。つまり【図９－１】に示すように年末年始を除く10月から４月までのいわゆる閑散期に多くの宿泊客が来ている。２月、10月、11月、12月に至っては、160％から170％の伸びになっている。

本来、ヘルス・ツーリズムにとって体を動かすという意味では、季節的には真夏よりも気温が低い時期のほうが適していると思われる。そういう意味では、ヘルス・ツーリズムの効果によって、旅館にとって秋から冬にかけてのオフシーズンに宿泊客数が伸びるというのは望ましいことである。天草は海水浴客を中心としており夏場がメインである。秋から冬にかけてオフシーズンがある旅館や温泉地にとっては、この時期の宿泊客誘致のプログラムは、オフシーズン対策として十分機能すると考えられる。

宿泊客による季節変動が小さくなることで、食材の仕入れ値もコストダウンできると思われる。

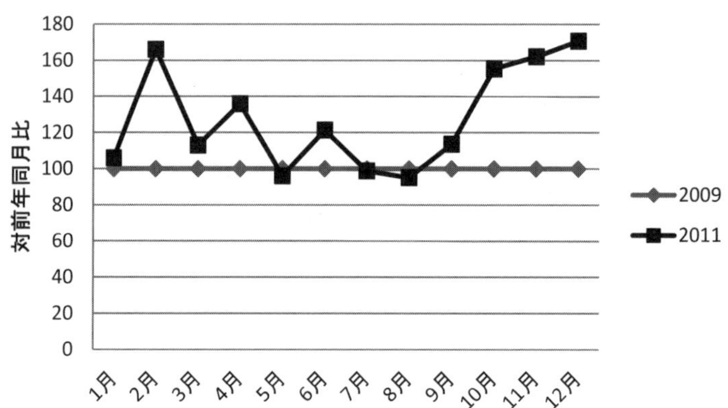

【図９－１】天草プリンスホテルのヘルス・ツーリズム実施前2009年を100として実施後の2011年の売上高比較
出所：ヒアリングより筆者作成

（６）ヘルス・ツーリズムの取り組みによる効果

今まで述べてきたように、天草ヘルス・ツーリズムは建物等への投資ではなく、新たなソフトを提供することで高付加価値化を図った。これにより単価を上げることは難しいが、集客増による効果を出すことができている。ヘルス・ツーリズムの売り上げに対する貢献が旅館経営にどのように波及するかを試算する。

1）天草プリンスホテルの損益計算シミュレーション

ここでは、ヒアリングで確認できた数字と国際観光旅館連盟［2013］データのうち小旅館の損益計算書の比率を活用し、ヘルス・ツーリズムを取り入れたことで収支がどのようになるかをシミュレーション試算する(注3)。

このような手法については、日本観光研究学会で2012年、中小企業診断士で観光研究者の山下［2012］が、国際観光旅館連盟［2013］の詳細データを利用する道を開いた。山下［2012］では、研究対象である星野リゾートの界・松本の運営前の旧経営体の経費を、総売上高がわかっている状態で、国際観光旅館連盟［2013］の詳細データの赤字旅館の平均構成比で案分し算出し、星野リゾートが運営後は黒字旅館の売り上げ比を適用させるとどのように損益が改善されるかを試算した。

しかし、本書では、ヘルス・ツーリズム導入前と導入後の各部門の値がかなり詳細に得られているので、一般的案分ではなく、既知の値を矛盾無く入れたより正確な推計法を考案したので、研究対象である天草プリンスホテルに対しそれを実行した。以下では、正確な数字をできるだけ援用し、その数字をもとに小旅館の経費の比率等を利用し、ヒアリングで入手できた数字と国際観光旅館連盟加盟の小旅館の損益計算書から、ヘルス・ツーリズムの導入によってどれだけ経営改善効果があったかをみる。

ちなみに、ここでいう小旅館の定義は30室以下の旅館で、天草プリンスホテルは28室でありこれに該当する。

①「総売上高」は、正確な数値が得られており、2009年は1億3088万円で、2011年は1億6006万円であり、2918万円（22％）増加している。
②「売上原価」については、小旅館平均の25.1％の比率を適用すると2009年は3285万円である。2011年は宿泊客が2割増えたため、売上原価を2割増しの3942万円と仮定できる。
③「売上総利益」については、売上原価の比率が25.1％なので2009年の売上総利益率は74.9％となる。2011年の売上総利益は1億2064万円で2009年と比べて2261万円増加している。
④「販売費及び一般管理費」は、小旅館の81.7％を適用する。2009年の販売高及び一般管理経費は1億693万円となる。この費用については、人件費はヒア

リングで正確に得られており、ヘルス・ツーリズムであまり影響をうけない営業管理経費は2009年と同じ、減価償却費も2009年と同じと仮定できる。営業管理経費については、ヘルス・ツーリズム導入後は販売促進費用も少し増加していると思われるが、2011年は先述したようにリピーターがある程度直接予約になることで旅行会社に支払う手数料が190万円減少すると見込まれるため、営業費用の増加分と相殺して同額の4398万円とみている。

⑤「人件費」はヒアリングから正確に得られており2011年は正確な数字5410万円を用いる。先述のようにヘルス・ツーリズム手法では、人件費に関しては、労働時間を効率化してコントロールできているため、大幅な宿泊客増、売上高増になっても2009年の人件費5379万円から31万円しか増えていない。つまり、売上が22.3％アップしており、宿泊客数も20.4％もアップしている状況で、新しい雇用を増やさずに業務の見直しで新しい需要に対応できている。

⑥「営業・管理経費」は小旅館の比率を適用し4398万円であるが、④で述べたようにコスト増と支払手数料減を相殺できるので2011年も同額とする。

⑦「減価償却費用」はヘルス・ツーリズムで大きく変化ないので、小旅館とほぼ同じ916万円と仮定できる。

⑧以上から「営業利益」は、ヘルス・ツーリズム導入前の赤字は890万円であったが、総売上高が大幅に増えたために導入後の営業利益は黒字化し1340万円になっている。ヘルス・ツーリズム導入前と比べて2230万円（15％）プラスになっている。

⑨「営業外収益と営業外費用」は正確に得られており、ヒアリングで入手した数字を入れている。

⑩「経常利益」段階では、導入前の赤字の－709万円が＋1654万円と黒字化し、2363万円（16％）増加し改善している。

経営改善の数字をまとめると次のようになる。

2）経営的効果

天草プリンスホテルは、ヘルス・ツーリズムを実施することで売り上げを2割強、宿泊客数を3割伸ばしたが、その結果次の点で経営状況は大きく改善したことがわかった（シミュレーション試算）。

①売上が2918万円増加（22.3％増）している。
②減価償却前利益（GOP）(注4)が0.2％から＋14.1％まで改善している。(10％以上が理想といわれている)
③営業利益が－890万円から＋1340万円まで2230万円15.2％改善されている。
④経常利益が－709万円から＋1654万円まで2363万円15.7％改善されている。
⑤税引き前利益が－630万円から＋1785万円まで2415万円15.9％改善されている。
⑥労働生産性が113万円、23.1％も大幅に改善されて603万円となり小旅館の平均562万円を超えている。
⑦労働分配率が10.1％改善されて、40％前半の44.8％になった。(旅館業の理想は40％といわれている)
⑧定員稼働率が24.2％から29.2％と5％上昇し、しかも、オフ期や平日の宿泊客が増えたため平準化ができるようになり経営効率が良くなっている。

【表9-3】天草プリンスホテルの収支計算のシミュレーション

(単位：万円)	国際観光旅館連盟小旅館（33軒）		2009ヘルスツーリズム導入以前		2011ヘルスツーリズム導入以降			変化の動き
	平均	(売上比)	金額	(売上比)	金額	(売上比)	根拠(HT導入以前との比較)	
総売上高	19,513		13,088	➡	16,006		ヒアリングによる実数	売上2918万円(22.3%)増
売上原価	4,898	25.1%	3,285	*25.1%	3,942	24.6%		2011材料費等2割アップ
売上総利益	14,615	74.9%	9,803	*74.9%	12,064	75.4%		
販売費及び一般管理費	15,943	81.7%	10,693	*81.7%	10,724	67.0%		
人件費	7,925	40.6%	5,379	41.1%	5,410	33.8%	ヒアリングによる実数	スタッフ増員なしでヘルスツーリズムを実施
営業・管理経費	6,645	34.1%	4,398	33.6%	4,398	27.5%	2009年と2011年は同じ金額で試算	(理由)投資費用はなし、宣伝費等と支払手数料の減少で相殺
減価償却前利益	43	0.2%	26	0.2%	2,256	14.1%		
減価償却費	1,371	7.0%	916	*7.0%	916	5.7%	2009年と2011年は同じ金額で試算	(理由)大きな変動はないとみられるため
営業利益	−1,328	−6.8%	−890	−6.8%	1,340	8.4%		15.2%改善
営業外収益	507	2.6%	187	1.4%	332	2.1%	ヒアリングによる実数	
営業外費用	470	2.4%	6	0.0%	18	0.1%	ヒアリングによる実数	
(うち支払利息)	444	2.3%						
経常利益	−1,291	−6.6%	−709	−5.4%	1,654	10.3%		15.7%改善
特別損益	114	0.6%	79	*0.6%	79	0.5%	小旅館の比率を適用	
税引前利益	−1,177	−6.0%	−630	−4.8%	1,785	11.1%		15.9%改善

	国際観光旅館連盟小旅館（33軒）		2009ヘルスツーリズム導入以前		2011ヘルスツーリズム導入以降			
売上高利益率		74.9%		*74.9		75.4		大きな変化なし
営業利益率		−6.8%		−6.8		8.4		15.2%改善
労働生産性	14615÷26	562万円	9803÷20	490万円	12064÷20	603万円	大旅館黒字939、赤字829 中旅館黒字654、赤字703 小旅館黒字712、赤字482	113万円 23.1%改善
労働分配率	7925÷14615	54.2%	5379÷9803	54.9%	5410÷12064	44.8%	大旅館黒字39.5、赤字41.8 中旅館黒字41.7、赤字44.9 小旅館黒字48.3、赤字57.9	10.1%改善 40%前半までになった
定員稼働率		25.00%	10965÷45260	24.2%	13198÷45260	29.2%	124名×365日(休日なし) 2011年小旅館平均25.7% (黒字27.4%、赤字25.0%)	5.0%改善

出所：ヒアリングおよび国際観光旅館連盟［2013］より筆者作成

＊印：小旅館の比率を適用

3）地域経済への波及効果

天草の事例では、旅館が宿泊客対象にウォーキングによるまち歩きを開始しただけで、リピーターが増え、宿泊客数も大きく増加した。歩いた後の朝食も「地産地消」で地元の新鮮な食材をカロリー計算して提供している。体を動かした後の食事はさらに美味しく感じるので客の満足度は高い。

さらに、旅館の経営改善につながるだけではなく、地域住民も、ウォーキングの対象とした地域の住民が自分たちのすぐ周りに観光資源があることに気付き始め、他人である観光客を受け入れることの重要性を認識し、ホスピタリティの醸成にもつながっている。また、地域の商店街や小売店での買い物を案内して売上に貢献したり、まち歩き先で地元飲食店で朝食を食べたりすることで地域を元気にすることにもつながっており、このような動きが行政や観光関係者を巻き込んで大きなムーブメントになってきている。

つまり、ヘルス・ツーリズムという新たな健康に関わる付加価値を旅館に付与することで、旅館を宿泊圏の拠点としてとらえ、宿泊化・長期滞在化させ、地域の活性化も図る新しいモデルを確立できる可能性がある。

天草の事例は、旅館の宿泊というソフトに限らず、ウォーキングという要素を取り入れ、その拠点となることで、新しい魅力を提供したことになる。単なる宿泊増という概念だけではなく、人と人とのふれあいを健康に関わるツーリズムを通して実践している。

この節では天草の事例を取り上げた。資本力の乏しい小旅館においても、ハードへの投資だけではなく、ヘルス・ツーリズム（あるいは健康系ツーリズム）に関わるソフトへの投資や開発で旅館の経営を安定させ、しかも地域振興にも結びつけることができることが分かった。経営状態が厳しい多くの旅館にとって、新たな活性化モデルとしての可能性を秘めているのではないだろうか。

3．「湯治」概念・外湯への投資による温泉地区活性化——竹田市の分析

（1）竹田市の政策における外湯、湯治に関する取り組み

竹田市［2006a］によれば、竹田市総合計画の第4章に「自然の恵みを活かしたまちづくり」の項目がある。竹田市は観光資源の活用や滞在時間の延長を目指

しているが、この計画では、具体的には、広域的な周遊観光確立や効果的な観光情報の発信等とともに「イベントの充実や観光資源の付加価値化の促進」（ソフト施策の充実）、「ツーリズムによる都市住民との交流促進」（地域でのもてなし体制の整備、いわゆるニューツーリズムの推進）や「地域イメージの確立と温泉保養地環境の整備」が挙げられている。

そして、竹田市［2006b］によると、2005年の1市3町の合併を経て、7つの戦略、

①観光プロモーションの推進、

②滞在型観光の推進、

③ツーリズムの促進、

④こだわりを持った『食』文化の醸成、

⑤地域内外の交流促進、

⑥交通・情報インフラ整備、

⑦景観形成と保存を推進、

などの戦略をとることで、2006年を100として、2015年に宿泊客数を104に、外国人宿泊客数を300、観光入込客数を110にすることを目標にしている。

また、竹田市［2012］によると、政策を推進する4つの力として、①地域力、②人間力、③経営力、④行政力、をあげており、今自治体の求められているのは自治体間競争に打ち勝つための政策提案型行政とうたっている。

地域力の点では、歴史的遺産や文化・芸術において全国的なポテンシャルがある竹田市において、エコミュージアム構想や岡藩城下町再生プロジェクトで交流人口の増大をはかろうとしている。

人間力の点では、温泉活用による予防医学の推進や「竹田市温泉療養保健システム」による長期滞在者確保に取り組んでいる。また、竹田市はローカル外交や竹田総合学院や竹田総合地域学センター由学院において人材育成にも力を入れている。

経営力の分野では、竹田市観光ツーリズム協会が先頭に立って竹田市の魅力発信に尽力しており、自然や温泉の力を活用したまちづくりを推進している。

これらの政策により、長湯温泉の湯治・外湯文化に対する取り組みや竹田市全体の「竹田市温泉療養保健システム」の試みが実現したといえる。

（2）外湯への投資による温泉地区活性化

1）御前湯効果

長湯温泉の事例では、御前湯の建設費は約5億円である。

1998年に「御前湯」ができる前年1997年の時点で観光客数の合計は32万6000人で、日帰り観光客数は18万6000人であった。

1998年「御前湯」ができた年の日帰り客は26万7000人に増加し観光客全体は40万4000人となった。1998年から2011年までの入浴者数の累計は163万7000人に達している。

明細が残っている2001年の竹田市の観光統計の平均観光消費額（宿泊観光客も含む平均）2844円であるので、163万7000人に観光消費額を乗ずると、46億5000万円となる。

少なくともこれだけの金額が「御前湯」に関わる直接収入としてあげられる。ちなみに、上記同期間の入浴料は累計で7.0億円となり、計算上は観光消費額に含まれることになる。

2）地域としての外湯文化の伝統

長湯温泉には、17軒の旅館があり、11軒の日帰り温泉施設がある。17軒の旅館の中で14軒が日帰り客へ立ち入り湯として営業しているため、実に全部で25軒の外湯があることになる。もともといろいろな特徴のある温泉を楽しむ文化があったが、それを今に引き継いでいる。御前湯が象徴となり、起爆剤の役目を果たし観光客を増やす引き金になったといえる【表9－4】。

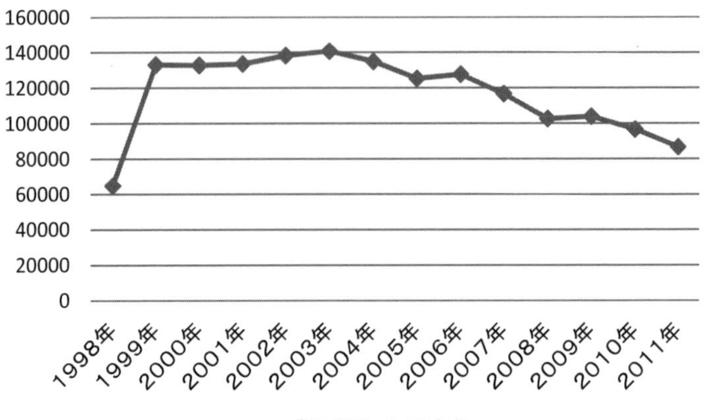

【図９－２】「御前湯」入浴客数の変遷
出所：竹田市［2013b］

【表9-4】長湯温泉の宿泊施設及び日帰り温泉入浴施設数

長湯温泉　宿泊宿および日帰り温泉入浴施設							
	宿泊施設名（17番まで）(18番以降は日帰り施設)	旅館組合加盟	部屋数	人員	宿泊	日帰り	風呂タイプ
1	上野屋	○	9	30	○	○	内湯
2	かじか庵	○	9	30	○	○	内湯露天家族岩盤浴サウナ（男湯のみ）
3	かどやRe	○	6	20	○	○	内湯露天
4	翡翠之庄	○	13	56	○	○	内湯露天家族
5	紅葉館	○	12　ビジネス6	50	○	○	内湯露天家族
6	国民宿舎直入荘	○	27	77	○	○	内湯露天
7	水神之森	○	8	25	○	○	内湯露天家族
8	大丸旅館	○	15	50	○	○	内湯露天家族
9	天風庵	○	6	23	○		ジャグジ蒸湯
10	中村屋	○	9	20	○	○	内湯露天
11	豊泉荘	×	10	40	○	○	内湯露天
12	丸長旅館	○	6	24	○	○	内湯露天
13	山の湯かずよ	×	11	25	○	○	内湯露天
14	友喜美荘	○	7	29	○	○	内湯露天
15	万象の湯湯治場棟宝積翡翠楼	○	8	45	○	○	内湯露天家族ぶくぶくサイダー風呂顔湯足湯
16	BBC 長湯	○	6棟(複数泊)	24	○		なし、外湯利用
17	パークサイド桑鶴	×	3棟	12	○		シャワーバス付
18	温泉療養文化館御前湯					○	内湯露天家族湯
19	長生湯					○	内湯（シャワー付）
20	天満湯					○	内湯（シャワーなし）
21	千寿温泉					○	内湯（シャワーなし）
22	しづ香温泉					○	内湯（シャワーなし）
23	きもとの湯					○	内湯家族湯
24	ながの湯					○	内湯家族湯
25	ラムネ温泉館					○	内湯露天サウナ家族湯
26	郷の湯温泉					○	内湯露天家族湯
27	万寿新館大山佳の湯					○	内湯家族湯
28	福ねこの湯					○	家族
				580			

出所：長湯温泉観光協会［2011］

（3）温泉療養保健システム

また、竹田市では「温泉療養保健システム」で滞在日数を増やす試みと同時に、増えた滞在時間をいかに有効に過ごせるかを、プログラムやコンテンツの充実を図っている。

1）「笑食歩温」

具体的には、竹田市は、このシステムを推進する上で「笑食歩温」を頭文字にして4つの効果を現代版湯治の元気になれる「黄金の法則」としてPRしている。

笑：「笑う」の効果、食：「食べる」の効果、歩：「歩く」の効果、温：「温泉浴」の効果の4つである。中でも、「歩く」に関しては、ウォーキングツアーに力を入れており、年配の方にも行っていただけるように電動アシスト付きのレンタサイクル「ECOチャリ」を各観光案内所で貸し出している。また、2012年からは、九州観光推進機構が取り組んでいる「九州オルレ」、つまり自分で歩くことでその土地の姿を発見する韓国・済州島生まれの手法をとりいれたコースを立ち上げた。大分県のJR朝地駅から竹田市の城下町までの11.8kmである。外国人を含む観光客に少しずつ浸透してきている。

2）公的予算

この「温泉療養保健システム」は2011年度約600万円、2012年度約1000万円の予算を使っている。

2012年度の予算の内訳は保健給付や手数料350万円、印刷製本150万円、モニターツアー・シンポジ開催・ツアー商品造成300万円、広告宣伝150万円などに使われている。

しかし、予算には課題も多くある。現在は、観光客の長期滞在を増やすために、商工観光課と竹田市観光ツーリズム協会が数名でこの「温泉療養保健システム」を牽引しながら行っている。事業の推進のために専任を3、4名置くと1000万円はコストがかかるため、現実的ではない。したがって、まだ常時実施には踏み切れず、年に何回か期間を設けて実施することで対応している。

また、「竹田D級グルメ」の予算に関しては、2011年度緊急雇用も含めて対応しており、約700万円を使っている。ただし、D級グルメだけではなく、郷土の食ブランド事業としてほかの業務も行っているため、純粋にＤ級グルメの事業費とはいえない。

その他、温泉療養事業を行う事務員については、2011 年は緊急雇用、2012 年は臨時職員として、上記とは別に 130 万円の賃金経費がかかっている。

なお、温泉療養保健システムと並行して、長期滞在観光客向けのプログラムやコンテンツ開発も行っている。

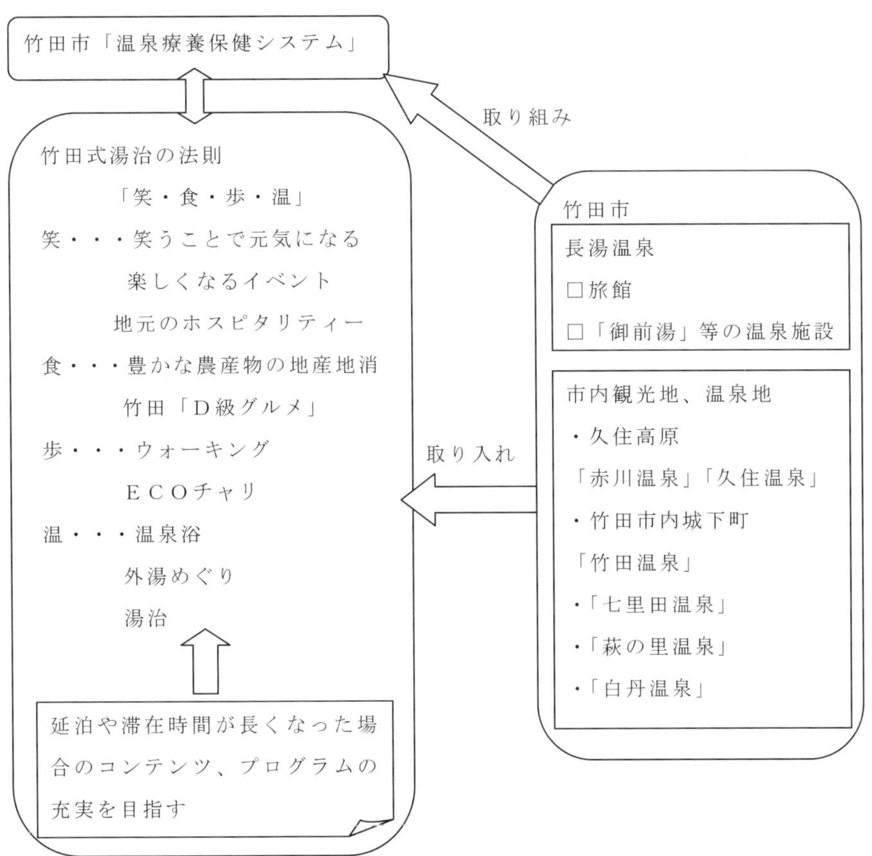

【図９－３】竹田市「温泉療養保健システム」と竹田式湯治の法則
出所：竹田市［2013a］より筆者作成

【表9－5】「御前湯」及び「温泉療養保健システム」の投資　効果

項目	竹田市		
	長湯温泉「御前湯」	温泉療養保健システム	D級グルメ
①コスト	＊「御前湯」建設費用 5億円	＊全体でかかった費用は、2011年度約600万円、2012年度約1130万円 ＊2012年度内訳 ・保健給付や手数料350万円 ・印刷製本150万円 ・モニターツアー・シンポジウム開催、ツアー商品造成300万円 ・広告宣伝費用150万円など ・事務の人件費は130万円 ＊ちなみに、2011年度「温泉療養保健システム」対象者は543人で、彼らに対する竹田市のサポート給付金は168万円であった。 ・対象の宿泊施設に3泊以上宿泊した場合　1泊につき500円 ・温泉のない宿泊施設に滞在する場合（宿泊日数の半分以上対象の温泉施設を利用）　1回につき200円	＊2012年度は緊急雇用も含めて700万円 ・ただし、「竹田D級グルメ」だけではなく、「郷土の食ブランド事業」等と一緒に行っているので、個別の内訳は出せない。
②投資前の数字	＊1997年 ・入浴者数　0 ・全観光客数　46万7157人 ・日帰り観光客数32万6426人	＊2011年の平均宿泊日数2.1日 出所：国土交通省観光庁（2012）	
③投資後の数字	＊1998年～2011年までの入浴者数累計　163.7万人 竹田市の日帰り観光消費額試算@2844円とすると 観光消費額163.7万人×2844円＝46.5億円…③ ＜参考＞1998年～2011年までの入浴料　7.0億円（計算上は観光消費額に含まれている。）	＊2011年度の実績 ・宿泊期間が平均5.3日に増加、つまり、宿泊日数が平均3.2泊増えたことになる。 ＊このシステムの利用者は9割が長湯温泉を利用するため、長湯の人気旅館5館の平均宿泊料1万2152円で試算する。	
④投資効果	③ー②　46.5億円 新しく46.5億円の観光消費が生まれた	＊2011年度「温泉療養保健システム」を利用した人は543人となった。 ①全員が新規の宿泊客の場合 543×1万2152×5.3＝3497万2241円 ②全員が今までの客で宿泊日数が3.2日延びた場合 543×1万2152×（5.3－2.1）＝2111万5315円 宿泊費用だけに関しても2112万から3497万円の増加がみられる。	
⑤その他	＊「御前湯」は減価償却しながら1998年～2011年まで黒字経営を続けている。	つまり、滞在日数が3.2泊伸びることで、土産費用、飲食費用の増加を含めると観光消費額が大きく増える。「温泉療法保健システム」には大きなポテンシャルがあることが確認できた。	

出所：ヒアリングにより筆者作成

本節で取り上げたのは、竹田市および長湯温泉の取り組みである。

竹田市の事例では、長湯温泉に脈々と引き継がれる「湯治・外湯文化」を大切にするために、長湯温泉の象徴として公営の温泉療養文化館「御前湯」に投資することで、日帰り観光客を大幅に増やし、17 軒の旅館と外湯がうまく共存している。御前湯のコンセプトは、「外湯」に徹しレストランは併設せず、食事は出前を取るか町中で取る形で地元での消費につなげている。また、日本では、海外のように湯治の長期滞在「保険適用」ができないなか、竹田市では独自の「温泉療養保健システム」で 1 泊 1 人 500 円をサポートすることで、平均の滞在日数を 5.3 泊（2011 年度）まで伸ばすことができた。観光資源を充実させ、ウォーキングやサイクリングをはじめ、食も含め長期滞在客の需要を満足させる有効な素材を提案する必要があることもわかった。

旅館経営や温泉地にとって重要な「長期滞在化」や「リピート化」は避けて通れない課題であるが、この 2 つの事例は、その方向に向かった大きな示唆に富んでいる。

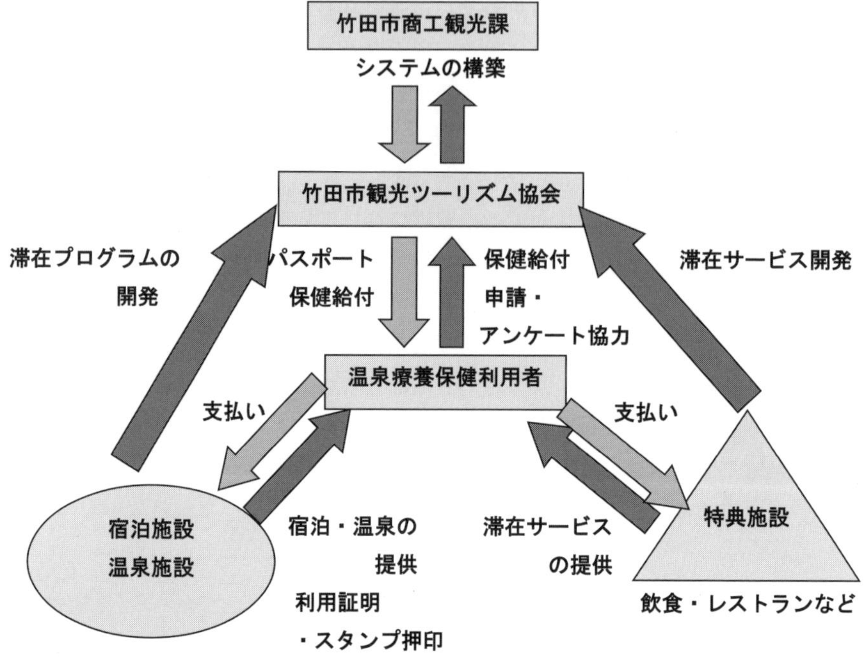

【図９－４】竹田市「温泉療養保健システム」チャートフロー
出所：竹田市［2013a］

4．まとめ

本章では、構造転換による旅館再生や地域活性化の可能性を考察した。

結果を要約すると以下のとおりである。

1．「天草ヘルス・ツーリズム」の「スポーツ型ヘルス・ツーリズム＝ウォーキング」の導入効果

ハードにほとんど投資せず、社員学習で導入でき、コストはおさえているにもかかわらず、多いときで宿泊客数３割増、売上高、利益約２割増を達成。

A．コスト

（1）天草ヘルス・ツーリズム（ウォーキング）を実施するための準備にかかったハード経費は殆ど無い。

（2）毎朝２時間ヘルス・ツーリズムに費やすコストに対する投資効率：183万

円の投資で2918万円の利益増。

（3）リピーター客を直接申込みにすることによる送客手数料の削減：試算上は年間190万円の支払い手数料を減らすことができ、経営改善に役立つことにつながる。

B．ベネフィット

（1）宿泊者客数3割増。

（2）春の平均稼働率100％。

（3）冬場などオフシーズンの売上増加。

（4）リピート率8割で、エージェントを通さず、直接申し込みとなり手数料190万削減。

（5）経営指標モデル＝シミュレーション推定。

①「総売上」2割強増加。（2918万円増加（22.3％増））。

②「売上原価」は宿泊客が2割増えたため、2割増。

③「売上総利益」約2割増加。

④「販売費及び一般管理費」は、ほとんど増加しない。

⑤「人件費」はヘルス・ツーリズム手法では、ほとんど増加しない。新しい雇用を増やさずに業務の見直しで新しい需要に対応できている。

⑥「営業・管理経費」は、ほとんど増加しない。

⑦「減価償却費用」は、ほとんど増加しない。

⑧「営業利益」は、ヘルス・ツーリズム導入前の赤字から大きく黒字に2200万円増加、約15％改善された（－890万円から＋1340万円まで2230万円15.2％改善）。

（減価償却前利益（GOP）[注1]が0.2％から＋14.1％まで改善している。（10％以上が理想といわれている））

⑨「営業外収益と営業外費用」も、ほぼ同じ。

⑩「経常利益」は、ヘルス・ツーリズム導入前の赤字から大きく黒字2400万円増加、約16％改善された（－709万円から＋1654万円まで2363万円15.7％改善）。

⑪「税引き前利益」は、ヘルス・ツーリズム導入前の赤字から大きく黒字2400万円増加、約16％改善された（－630万円から＋1785万円まで2415万円15.9％改善）。

⑫「労働生産性」が113万円、23.1％も大幅に改善されて603万円となり小旅館の平均562万円を超えている。

⑬「労働分配率」が10.1％改善されて、40％前半の44.8％になった（旅館業の理想は40％といわれている）。

⑭「定員稼働率」が24.2％から29.2％と5％上昇し、しかも、オフ期や平日の宿泊客が増えたため平準化ができるようになり経営効率が良くなっている。

2．竹田市における現代版「湯治概念」推進型＝「長期滞在促進システム＋外湯の整備推進型」によるヘルス・ツーリズムの導入効果

＜1＞竹田市「外湯への投資による温泉地区活性化」の効果

A．コスト

（1）御前湯の建設費は約5億900万円。

B．ベネフィット

（1）御前湯ができたことで、「観光客一人当たりの消費額」は2844円増加。

（2）2006年には、観光客数が御前湯のオープン前の1997年に比べて、実に50万6338人（約51万人）増えた。

（3）消費額は、約14億4000万円の増加。

＜2＞竹田市現代版湯治「温泉療養保健システム」の効果

A．コスト

（1）竹田市の給付金額は総額168万円。

B．ベネフィット

（1）3つのフェーズで543名がこの制度を利用。

（2）延べ2877泊、平均5.3泊の宿泊をした。観光庁（2012）の平均宿泊数より3日以上伸びており、対費用・投資効果は非常に大きい。

第1番目の天草の旅館の事例では、旅館の経営が重要な要素になっていることを示した。つまり、旅館業は売上高も重要であるが、売上総利益から販売費や一般管理費を除いた「営業利益」が重要になる。赤字の小旅館は販売費用や一般管理費用が売上総利益より大きく、すでに「営業利益」段階で赤字になっている。

天草の事例では、まず、旅館がハードへの投資ではなくガイディング能力を身につけ、地元の産物や地域資源、四季折々に咲く花や木をはじめとする動植物の

知識を身につけて、2009年秋から宿泊客を朝の時間にウォーキングで連れ出すことにより大幅な売上高増につなげている。さらに、リピート率が高まり、そのリピーターが旅行会社を経由せずに直接申し込む率が1割を超えてきており、販売費用である支払手数料が減少しそのまま利益に貢献する効果も出てきている。また、宿泊客が増えることで、オフ期つまり週のなかの平日や年間の閑散期にも予約が入るようになり年間を通しての定員稼働率が5％アップして経営効率が改善された。

そして、単なる宿泊施設としての機能からヘルス・ツーリズムの「拠点」へ構造転換することで地域の観光拠点ともなり、地域の人々にとっては自分たちの地元が注目されることにより地域に活気が出てきた。まさに「住んでよし、訪れてよしのまちづくり」である。行政もその動きをサポートし始めており、ヘルス・ツーリズムを推進するために「天草サラダ」という食のブランドも広め、「天草ヘルス・ツーリズム」ブランドのノウハウが持つポテンシャルを熊本県全域に広げている。

第2の長湯温泉の事例では、温泉地を活性化させるために「炭酸泉」という要因と、「湯治」や「外湯」という要素をうまく取り入れて、もともと小さな温泉地を構造転換してヘルス・ツーリズムの拠点として温泉地観光を推進している。一番大きな契機になったのは1998年に公営温泉施設「御前湯」を温泉の象徴として建てたことにある。それ以降、天候や天災による減少はみられたが、旅館数17軒の小さな温泉地に年間80万人近くの観光客が来るようになり地域経済に貢献している。

次章ではさらに、これらの事例を経済的な角度や経済的集計効果として産業連関表を活用して地域への経済効果を分析する。

[第Ⅸ章の注]

（注1）生産性

日本経済新聞社［2008］によれば、生産性は、労働力や設備が効率よく付加価値（すなわち企業が経営活動によって新たに生み出した経済価値）を生み出しているかどうかをみる指標である。

（注2）労働生産性

投下した労働量と、その結果として得られた生産量（付加価値）との割合のことである。労働生産性＝付加価値÷従業員数。

（注３）国際観光旅館連盟［2013］にも書かれているように、旅館経営に関する数字を入手するのは、特に小旅館は難しい。今回の事例では数字のすべてではないがかなりを入手し精密化している。

（注４）減価償却前利益（GOP）

経済産業省［2010b］によれば、GOP は Gross Operating Profit の略で、施設の運営力・運営利益を生み出す力を測る指標で、営業利益と減価償却費を足したものを総売上高で割って算出する。

第X章　ヘルス・ツーリズムを活用する構造転換による旅館再生／地域活性化の「経済効果モデル」

1．構造転換の方法の分類

今まで述べてきた事例から、ヘルス・ツーリズムにより旅館／温泉地・観光地の構造転換ができることが分かった。事例から、ヘルス・ツーリズム要素による施策分類を行うと、「ウォーキング系」「療法系」「水中運動系（タラソテラピー）」「制度サポート系（公的給付金）」に分けられる。それらについてまとめる。

（1）ウォーキング系（天草ヘルス・ツーリズム）【図10－1】

ウォーキングはレジャーの分類に含まれるが、天草ヘルス・ツーリズムはウォーキングを宿泊客に勧めることで、①顧客との関係性を密にし、②リピート化させることで、③大幅な売り上げ増による経営改善に寄与し、④地元商店や商店街に宿泊客を案内することで旅館と商店街の提携を進め、⑤埋没している地域資源を宿泊客にまず見せることで観光資源化させた。

天草で健康に関する取り組みが進んだのは、この地域が「市民マラソンの発祥の地」という歴史も一因と思われる。さらに天草地域はまわりを豊かな海に囲まれており新鮮な魚介類やおいしい山菜がとれるため、観光客が多かったという背景もある。

つまり、天草ヘルス・ツーリズムは旅館の経営改善だけではなく、地域との連携をすすめることで地域全体の活性化を促し、それが行政や地元商工会議所、経済団体をも動かし「天草ヘルス・ツーリズム」のムーブメントになろうとしている。天草の一旅館の動きであるが非常に大きなポテンシャルを秘めている。

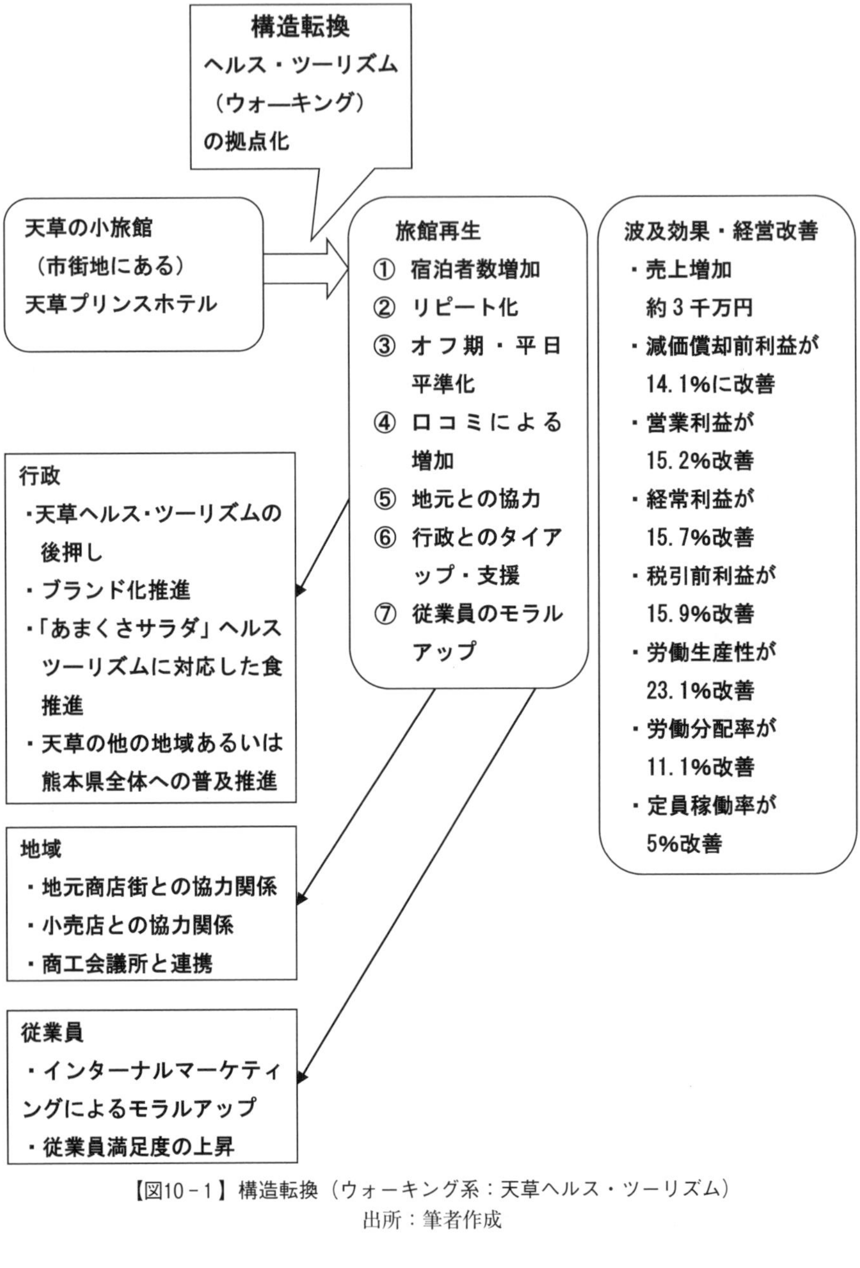

構造転換
ヘルス・ツーリズム
（ウォーキング）
の拠点化

天草の小旅館
（市街地にある）
天草プリンスホテル

旅館再生
① 宿泊者数増加
② リピート化
③ オフ期・平日平準化
④ ロコミによる増加
⑤ 地元との協力
⑥ 行政とのタイアップ・支援
⑦ 従業員のモラルアップ

波及効果・経営改善
・売上増加 約３千万円
・減価償却前利益が14.1%に改善
・営業利益が15.2%改善
・経常利益が15.7%改善
・税引前利益が15.9%改善
・労働生産性が23.1%改善
・労働分配率が11.1%改善
・定員稼働率が5%改善

行政
・天草ヘルス・ツーリズムの後押し
・ブランド化推進
・「あまくさサラダ」ヘルスツーリズムに対応した食推進
・天草の他の地域あるいは熊本県全体への普及推進

地域
・地元商店街との協力関係
・小売店との協力関係
・商工会議所と連携

従業員
・インターナルマーケティングによるモラルアップ
・従業員満足度の上昇

【図10－1】構造転換（ウォーキング系：天草ヘルス・ツーリズム）
出所：筆者作成

（２）療法系（長湯温泉）【図 10－2】

長湯温泉の事例は歴史が古い温泉が拠点となっており、湯治場としての歴史も長い。

長湯温泉は、もともと立地的に交通機関が近くにはないこともあり、全国的にはあまり知られていなかったが、「日本一の炭酸泉」が噴出していることが明らかになり湯治客だけではなく、家族を中心とした客層や周辺地域の人々に愛されてきた。温泉の泉質が構造転換の大きな要因になっている。長湯温泉では、「日本一の炭酸泉」が判明してからその価値が改めて知られるようになった。

行政関係者と旅館経営者は、まちづくりの視点からドイツのまちから学ぶことも多くあり、それらを取り入れて実践していった。特に、旧直入町が約５億円の建設費をかけて長湯温泉療養文化館「御前湯」の建設を行い、1998 年に開業したが、2011 年までの入浴者数の累計は 163 万 7000 人に達している。入浴料の合計は７億円におよび、観光客数の増加は経済波及効果を及ぼしている。湯治場としての歴史や外湯文化があることに加え、後述する制度面の充実で観光客数の増加が地域に貢献している。

そこで、実際にこれらの温泉地に多くの観光客が来ているが、長湯温泉の観光客による経済波及効果については後述する。

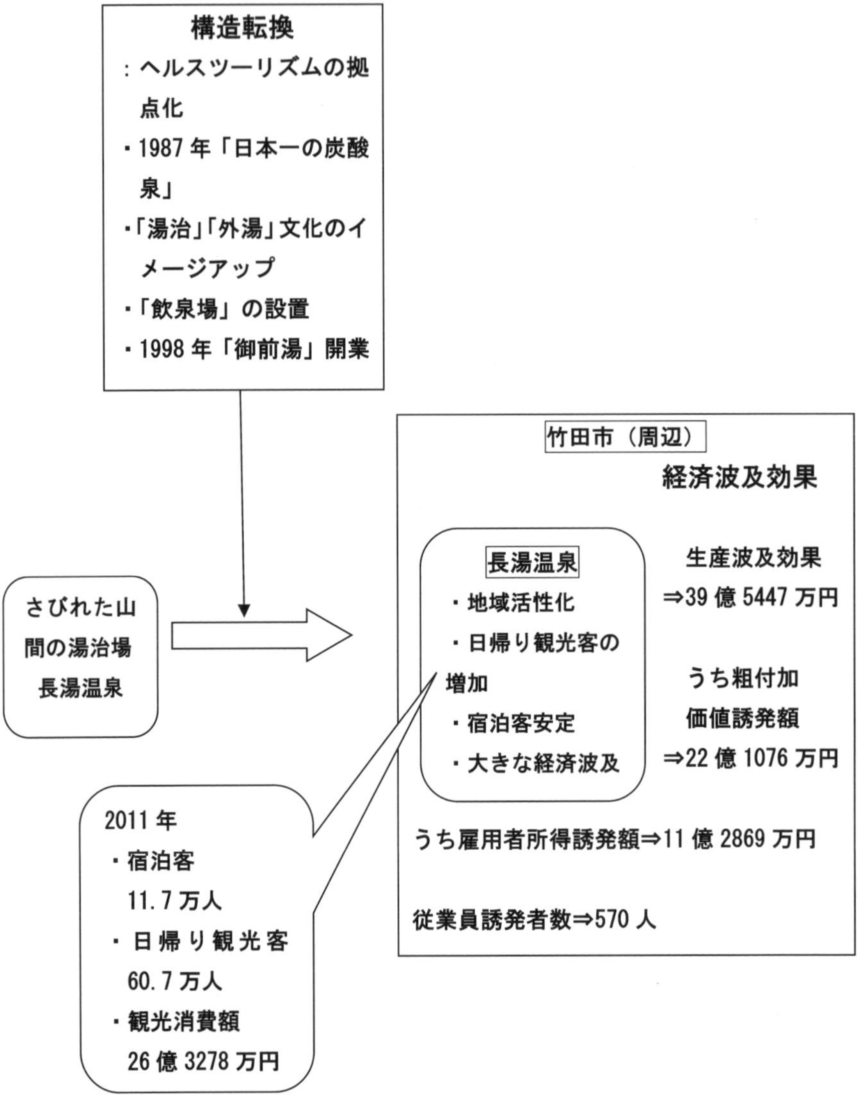

【図10－2】構造転換（療法系：長湯温泉）
出所：筆者作成

（3）水中運動系（タラソテラピー）【図 10－3】

高知県室戸市では「海洋深層水」を活用した地域振興を目指して、2006 年に「ディープ　シー　ワールド」をスタートした。その敷地内には、2つの施設があり、ホテルとして「ウトコ　ディープシーセラピーセンター＆ホテル」、海洋深層水体験交流施設として「シレストむろと」がある。いずれも海洋深層水によるタラソテラピーが特徴となっている。さらに「深層水公園」もあり3つから成り立っている。

室戸市の宿泊施設数は 27 施設の定員は 901 人で、「ウトコ　ディープシーセラピーセンター＆ホテル」の定員は 34 人で、合計で宿泊施設の定員は 935 人となる。1年で宿泊客数が約 8000 人増えたのは、他に大きなイベントや催事がなかったため、明らかにディープ　シー　ワールドの開業が寄与していることになる。

1）シレストむろと

①利用者数

観光客数の増加は、明らかにシレストむろとの効果が出ており、ウトコ　ディープシーセラピーセンター＆ホテルとは対象マーケットが競合しないため相乗効果が出ていると考えられる。

第Ⅵ章の4節で述べた様に、シレストむろとは 2006 年の7月のオープン以来、毎年、2006 年4万 1583 人、2007 年4万 8889 人、2008 年4万 608 人、2009 年3万 8431 人、2010 年4万 2869 人の入場者がある。内訳は入場者の9割が市民という状況ではあるが、1割の人が市外から訪れていることになる。

② EBH（根拠のある健康）の取り組み

シレストむろとでは、高知大学医学部との連携・指導により、「生活習慣病予防・改善」「膝関節症予防・改善」のための「水中運動プログラム運動」を実施しており、一定期間（週2回、10 週の計 20 回等）の間でプログラムに参加してもらい、期間中記録をつけることで水中運動の効果を確認したり自己管理に役立たせている。タラソテラピーの有効性の確認を継続している。

③新しい宿泊施設の取り組み「ニューサンパレスむろと」

室戸市には 2011 年現在 28 軒の宿泊施設があるが、新しい動きとして「滞在型健康施設ニューサンパレスむろと」がある。アレルギー疾患やアトピー性疾患の患者のために、特に子供が明るい笑顔で過ごせるように高知県内では初めての施設が稼働している。地元の内田脳神経外科をはじめとする内田医療グループ4施設及び1幼稚園の利用者は割引料金で宿泊しながら「海洋深層水」の部屋風呂に入ったり「シレストむろと」へ送迎付きで通うこともできる。療養治療だけではなく健康づくりの拠点として機能し始めている。

2）ウトコ　ディープシーセラピーセンター＆ホテル

このウトコ　ディープシーセラピーセンター＆ホテルは星野リゾートの経営であり、高級リゾートホテルである。部屋数は17で、宿泊料金は高めになっている。1泊2食の料金は、1室2名利用で一人当たり、スタンダードが2万2000円から、スーペリアが2万6000円から、ラグジュアリーが3万4000円から、スイートが4万3000円からの設定となっている。

また、タラソテラピーの「ディープシーセラピー　プログラム」があり、日帰りコースは1万円、宿泊者限定プログラムが1万8000円、その他4つのプログラムがあり宿泊客は1万2000円から1万5000円、日帰り客は1万5000円から1万8000円の料金設定となっている。

ホテルスタッフに確認したところ宿泊客はカップルが多く、タラソテラピーのプログラム利用者には女性だけではなく、男性も増えているということであった。このホテルは、ヘルス・ツーリズム概念に含まれるウェルネスツーリズムに当てはまるコンセプトの施設である。

3）海洋深層水による観光客数の増加

室戸市［2013］によると**【表10－1】**のように、観光客数は、上記2施設の開園の年2006年には7月開園のため、通年ではないが前年と比べて総数で2万1716人増えており、その内訳は県内から1万6521人、県外から5195人が増加した。

開園翌年2007年の室戸市の観光客数は、室戸地域で特に大きなイベントがないにもかかわらず、2007年には前年と比べて6万4928人増え、その内訳は県内から2万8607人、県外から3万6321人増加した。

また、別の角度から内訳を見ると、宿泊客数が7989人、日帰り客数が5万6941人増えたことが分かる。さらに一般観光と宗教観光に分けると、お遍路さんを中心とする宗教観光が1万7725人で、一般観光が4万7203人増えている。2007年に関しては、増えた観光客の56％が県外からの観光客で、88％が日帰り客、73％が一般観光客ということが分かった。

【表10－1】室戸市の観光入込客数

種別	観光入込客数			宿泊・日帰り別		目的別		高知県の観光入込客数(千人)	備考
年	総数	県内	県外	宿泊	日帰	一般観光	宗教観光		
1982	368,300	240,435	127,865	45,300	323,000	307,530	60,770	3,917	
1983	366,500	230,630	135,870	45,080	321,420	266,500	100,000	3,760	高知空港ジェット化
1984	378,840	245,310	133,530	46,610	332,230	275,560	103,280	4,238	黒潮博覧会
1985	495,770	324,710	171,060	60,980	434,790	360,790	134,980	3,846	大鳴門大橋開通
1986	426,120	262,960	163,160	59,760	366,360	309,790	116,330	4,005	
1987	442,770	299,270	143,500	31,570	411,200	321,890	120,880	3,950	高知自動車道開通
1988	456,671	296,948	159,723	56,519	400,152	332,000	124,671	4,524	瀬戸大橋開通
1989	489,021	277,299	211,722	61,379	427,642	362,788	126,233	4,815	全国高校総体
1990	557,233	319,475	237,758	68,463	488,770	404,986	152,247	4,711	
1991	567,222	346,211	221,011	69,768	497,454	412,371	154,851	4,797	
1992	465,860	235,952	229,908	57,300	408,560	338,681	127,179	5,177	高速道本州直結
1993	429,906	217,307	212,599	52,878	377,028	312,542	117,364	4,933	長雨、台風
1994	393,108	205,165	187,943	48,352	344,756	285,790	107,318	4,881	渇水
1995	358,455	185,765	172,690	44,090	314,365	260,598	97,857	4,885	阪神・淡路大震災
1996	366,182	190,267	175,915	45,040	321,142	266,215	99,967	5,075	O-157発生
1997	398,074	228,033	170,041	48,964	349,110	289,399	108,675	5,192	中国自動車道、土佐くろしお鉄道宿毛線
1998	377,396	161,168	216,228	46,419	330,977	274,368	103,028	5,086	明石海峡大橋開通
1999	246,885	116,344	130,541	30,367	216,518	179,485	67,400	4,971	しまなみ海道開通、フェリーむろと座礁、8月豪雨
2000	222,184	103,594	118,590	27,329	194,855	161,528	60,656	5,019	Xハイウェー開通
2001	229,002	120,922	108,080	28,167	200,835	166,485	62,517	5,050	
2002	215,701	114,637	101,064	26,531	189,170	156,814	58,887	5,162	高知国体開催
2003	210,335	109,286	101,049	25,871	184,464	152,914	57,421	3,147	
2004	218,162	115,230	102,931	26,833	191,328	158,603	59,558	3,078	
2005	177,086	100,384	76,702	21,782	155,304	128,742	48,344	3,070	
2006	198,802	116,905	81,897	24,453	174,350	144,529	54,273	3,220	7月ディープシーワールドOPEN
2007	263,730	145,512	118,218	32,439	231,291	191,732	71,998	3,048	
2008	360,919	201,576	159,343	44,393	316,526	262,388	98,531	3,053	花・人・土佐であい博
2009	440,885	230,793	210,092	54,229	386,656	320,523	120,362	3,156	高速料金ETC割引 NHK「龍馬伝」効果
2010	461,964	198,742	263,222	56,822	405,142	335,848	126,116	4,359	NHK「龍馬伝」効果
2011	487,261	217,542	269,719	59,933	427,328	354,239	133,022	3,884	9月室戸ジオパーク世界認定
2012	531,876	237,791	294,085	65,421	466,455	386,674	145,202	3,840	日本ジオパーク全国大会（室戸大会）開催

出所：室戸市［2013］（2006年「ディープ　シー　ワールド」開園）

つまり、県外から日帰りで一般観光できるディープ　シー　ワールドを訪れた観光客が多いと推測される。また、明らかにシレストむろとのコンセプトや客層とウトコ　ディープシーセラピー&ホテルのそれらが異なっているため、競合せずに共存していると考えられる。

【表10－2】ヘルス・ツーリズム要素分類―構造転換による改善項目―

	ヘルスツーリズム要素	事例	主体	構造転換による改善項目
1	ウォーキング系	「天草ヘルスツーリズム」	天草プリンスホテル	旅館の経営改善 地域振興、モラルアップ
2	療法系	長湯温泉 「御前湯」	竹田市	公的温泉施設「御前湯」建設の結果、外湯文化の浸透による観光客大幅増加
		三朝温泉 「現代湯治プログラム」	三朝温泉	延泊客の増加 医療セクターと観光セクターの融合
3	水中運動系 （タラソテラピー）	海洋深層水ディープシーワールド 「シレストむろと」	室戸市	「海洋深層水」資源活用による誘客成功
		海洋深層水ディープシーワールド 「ウトコ　ディープシーセラピーセンター&ホテル」	星野リゾート	「海洋深層水」資源活用による宿泊客誘致成功
4	制度サポート系 （公的支援給付金）	「竹田市温泉療養保健システム」	竹田市	公的支援をすることで宿泊日数が3日以上伸びた。宿泊客による経済波及効果

出所：筆者作成

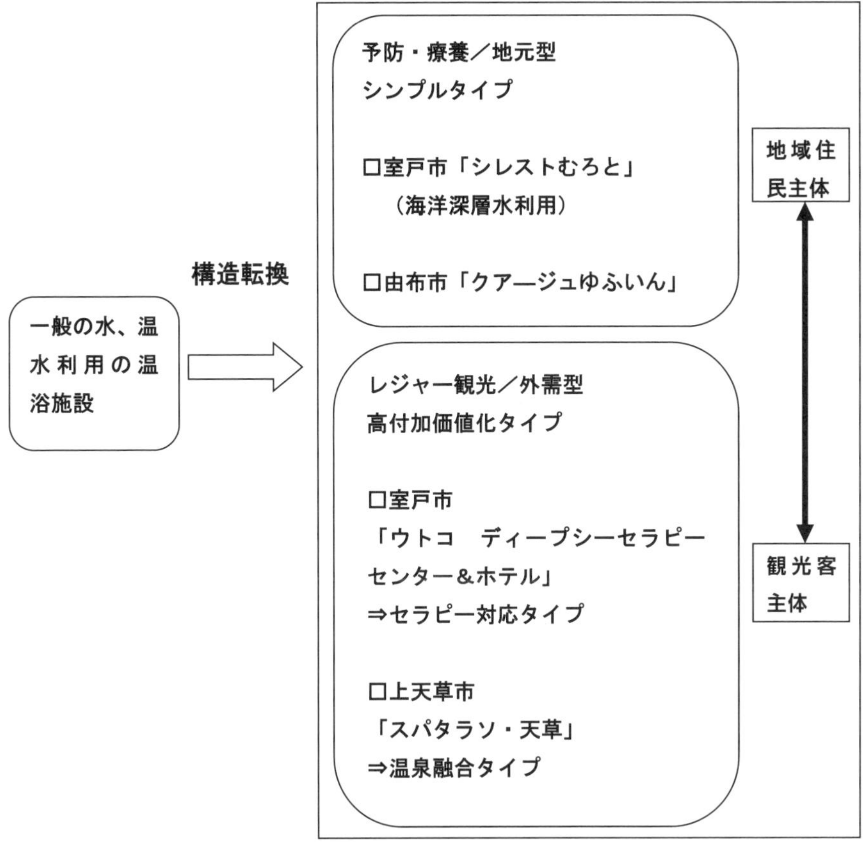

【図10－3】構造転換（水中運動系：タラソテラピー）
出所：筆者作成

（4）制度サポート系（竹田市温泉療養保健システム）【図10－4】

「竹田市温泉療養保健システム」は、観光客が対象の宿泊施設に3泊以上宿泊した場合に、1泊につき500円サポートするシステムである。また、温泉のない宿泊施設に泊した場合は温泉施設の入浴に対して1回200円サポートする。

この制度の実施により、2011年度はこの制度利用者の平均宿泊数は5.3泊、平均立ち寄り回数は2.2回となり、2012年度は平均宿泊数は5.5泊、平均立ち寄り数は1.9回となった。

つまり、サポート給付をすることで滞在日数が増え、温泉利用者が増えることで観光消費額が増えた。具体的に観光消費額を試算してみると、この制度の利用者の90％が長湯温泉を利用することが分かっているため、長湯温泉の代表的な旅館5施設の2013年10月現在の「標準的宿泊料金」を平均して使用する。

紅葉館（新館和室）@1万750円、かじか荘（平日）@1万2600円、直入荘@7500円、大丸旅館@1万4010円、翡翠之庄@1万5900円、で平均すると@1万2152円となる。

この数字を2011年の「温泉療養保健システム」利用者でみるとこの制度利用した人は543人で、①全員が新規の宿泊者の場合、②全員が今までの客で宿泊日数が3.2泊分伸びた場合で場合わけをした。

① 全員が新規の宿泊者の場合、543人×1万2152円×5.3日＝3497万2241円、
② 全員が今までの客で宿泊日数が3.2日伸びた場合、543人×1万2152円×（5.3日－2.1日）＝2111万5315円、
宿泊費の総額が増えたことになる。

つまり、宿泊費用だけに関しても2112万円から3497万円までの間の消費が増えたことが分かる。その他の飲食費や土産物費、交通費を含めるとさらに多くの消費がされることになる【表10－4】。

【表10－3】竹田市温泉療養保健システム実績（2011年度～2012年度）

	2011年度	2012年度
発行部数	783冊	912冊
申請者数	543人	628人
宿泊	（総数）2877泊	（総数）3470泊
	（平均）5.3泊	（平均）5.5泊
立寄入浴	（総数）1208回	（総数）1176回
	（平均）2.2回	（平均）1.9回
給付金額	（合計）168万100円	（合計）196万1300円
	（平均）3094円	（平均）3128円

注：発行部数と申請者数の差は申請をしない人がいるため生じている。
出所：竹田市［2013a］

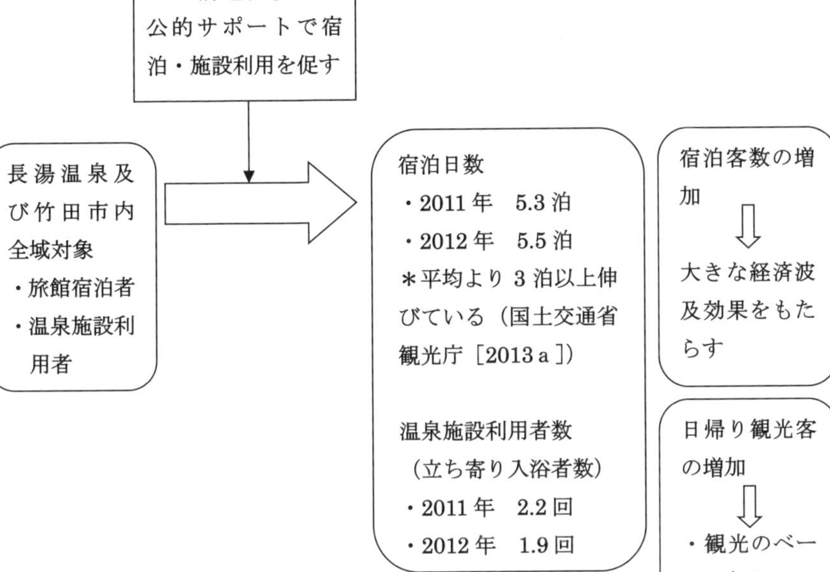

【図10－4】構造転換［制度サポート系（公的給付金）：竹田市温泉療養保健システム］
出所：筆者作成

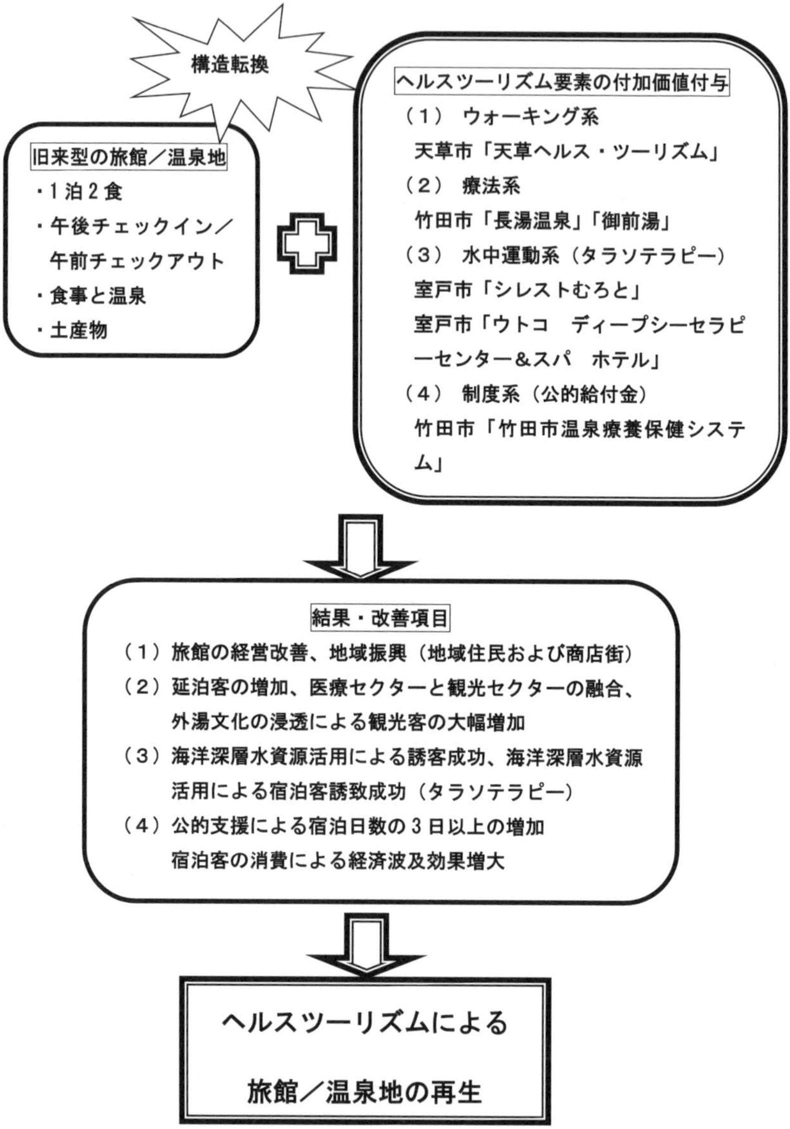

構造転換

旧来型の旅館／温泉地

・1泊2食
・午後チェックイン／午前チェックアウト
・食事と温泉
・土産物

ヘルスツーリズム要素の付加価値付与

（1） ウォーキング系
天草市「天草ヘルス・ツーリズム」
（2） 療法系
竹田市「長湯温泉」「御前湯」
（3） 水中運動系（タラソテラピー）
室戸市「シレストむろと」
室戸市「ウトコ　ディープシーセラピーセンター＆スパ　ホテル」
（4） 制度系（公的給付金）
竹田市「竹田市温泉療養保健システム」

結果・改善項目

（1）旅館の経営改善、地域振興（地域住民および商店街）
（2）延泊客の増加、医療セクターと観光セクターの融合、外湯文化の浸透による観光客の大幅増加
（3）海洋深層水資源活用による誘客成功、海洋深層水資源活用による宿泊客誘致成功（タラソテラピー）
（4）公的支援による宿泊日数の3日以上の増加
宿泊客の消費による経済波及効果増大

ヘルスツーリズムによる

旅館／温泉地の再生

【図10－5】ヘルス・ツーリズムによる構造転換（まとめ）
出所：筆者作成

2．天草ヘルス・ツーリズムによる経営改善

天草プリンスホテルの事例から小旅館が構造転換して生き残るための経営方策が示されている。

（1）天草ヘルス・ツーリズムを実施するのための投資コスト

前章で述べたように天草ヘルス・ツーリズムを実施するにあたり、ハードに関しては新たな投資はしていない。つまり、地域を案内するためのガイディング技術は講習を受けて身につけているが、公的な行政主催の講習のため実際には受講コストはかかっていない。また、プログラム内容について医師に相談したり、低カロリーのメニューに関する相談も通常の業務の範囲で収まっており新たな費用は発生していない。

・ガイドの講習・・・3つのボランティアガイド研修を受けた。
・歩き方、ウォーキングの方法・・・健康福祉課の「歩き方講座」を受講。
・プログラム内容について・・・地域医療福祉センター院長にアドバイスを受ける。
・低カロリーの朝食・・・管理栄養士と相談。

この事前の準備コストが費用として発生しないため、販売費・一般管理費の増加を抑えることで利益に影響を与えていないことになる。

（2）毎朝2時間ヘルス・ツーリズムに費やすコスト

前述のように、基本的に毎日の07：00〜09：00の2時間、女将とフロント係の1名の合計2名が、旅館を離れて外に連れて行くことになる。

この2名の2時間のコストを算出してみると

①女将のヘルス・ツーリズムにかかわる経費と②スタッフのヘルス・ツーリズムに関わる経費で、毎日7322円のコストがかかることになり、250日間ヘルス・ツーリズムを実施したとして、7322円× 250日＝1,830,500円（約183万円）のコストが本来はかかることになることは述べた。

しかし、実際は通常業務の一部としておこなっており特別給与は発生しておら

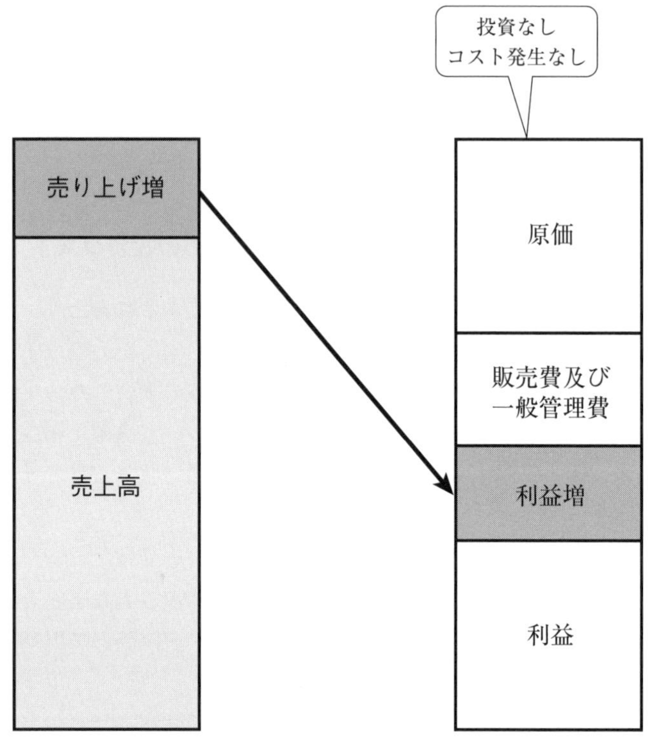

【図10－6】天草ヘルス・ツーリズムモデル
出所：筆者作成

ず、コストとみなしたとしても、ヘルス・ツーリズム開始前の2009年に比べると2011年には2918万円の売り上げが増加したことを考えると、コストパフォーマンスは非常に高いといえる。

投資の効率を図り差別化することがマイケル・ポーターの経営戦略（小長谷他［2012］）で重要といわれている。投資コストを抑えることができればそれだけ経営の効率化ができることになる。

（3）需要サイクル(注1)の重要性

上記の2つの項目は需要サイクルに対応した動きに関連している。

ラブロック［2008］によると、特定のサービスに対しては需要サイクルがあり、1日単位のものもあれば、1カ年単位のものもあり、複数の重要サイクルが同時に作用していることが多い。

確かに旅館においては、1日、1週間、1年のうちそれぞれに需要の変動がある。そして、需要の変動に伴って、その旅館のスタッフにとっても多忙になったり閑散とした時間を過ごしたり、需要の変化がその業務量に反映されてくる。

ラブロック［2008］の「時間帯による需要期の区分」を旅館に置き換えてみる。

1）旅館においては旅館の立地場所や規模で異なるが、一般的に、まず1年の変化を見ると、

①年末年始や盆、ゴールデンウイークのピーク期、

②冬場や夏前の期間のオフ期、

③ピーク期とオフ期以外の中間期、

の3つの期がある。

2）また、旅館は1週間でみると、

①週末のピーク期、

②平日のオフ期、

に大きく分けられる。

3）さらに、1日で見るといろいろなスタッフが業務を遂行しているため、一概には多忙な時間帯を決めることはできないが、旅館のフロントのスタッフに限ると比較的業務量が少ないのは、

①宿泊客がチェックアウトして次の客がチェックインするまでの昼間（たとえば、11時ごろから15時ごろ）がメインで考えられ、

②宿泊客がチェックアウトをはじめるまでの時間、さらに、

③宿泊客が食事を済ませ自由にくつろぐ夜、等が考えられる。

今回の天草ヘルス・ツーリズム事例では、この旅館の需要のサイクルをうまく生かし、空いた時間を有効活用し、稼働率をあげている。

特に自由に動ける女将がヘルス・ツーリズムでけん引したところが持続可能なプロジェクトに成長しているポイントとも考えられる。

また、天草の事例では、やはり3つの需要サイクルの要素が関係する。

第1は、旅館再生のためには年間の中間期とオフ期の宿泊人数の底上げである。ピーク期はもともと旅館の定員稼働率は高く誘客をする余裕は少ない。しかし、

中間期やオフ期は十分宿泊客を受け入れることはできるが、団体旅行が減少している現在、宿泊客を増やすことは簡単ではない。

第2は、1週間でみると、日本の宿泊観光の形態は依然として休日や祝日の前日に宿泊する形から脱却できていない。

第3は、1日のうちでもかなりの業務量の差が生じているということである。

旅館においては、これらの3つの需要サイクルが関係しているが、事例の天草プリンスは経営にとって重要な3つの要素が重なるところ、つまり、①1年間の中間期とオフ期、②1週間のうちの平日、③1日のチェックアウトまでの時間と昼間、を活用して新しい需要つまりヘルス・ツーリズムを期待する宿泊客を大幅に増やしたといえる。

今、旅館業の生き残りをかけた戦いが続いているが、この宿泊客の需要が弱い時間帯を活用して旅関経営にプラスに持っていくことが重要であり、実際に取り組みは始まっている。

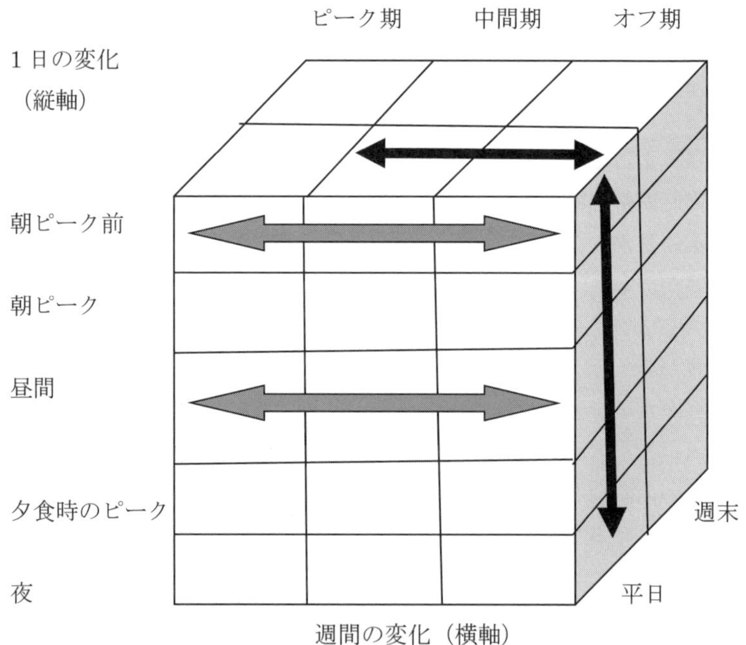

【図10－7】旅館における需要期の区分（⟷は時間的余裕を表わす）
出所：ラブロック［2008］を参考に加筆して筆者作成

（4）リピート化による営業経費（送客手数料）の軽減効果

天草プリンスホテルの女将によると、天草ヘルス・ツーリズムを始めてから年間宿泊客の約8割がヘルス・ツーリズム参加者で、その1割が直接申し込みになることは第Ⅸ章の第2節で述べた。リピーターとなることで、旅行会社を通さずに直接予約が入ってくることで、支払手数料が不要になり、今回の事例では年間約190万円の経費節約に結びついており、そのまま利益に貢献している。

3．長湯温泉の観光客による経済波及効果

長湯温泉では、「日本一の炭酸泉」が判明してからその価値が改めて知られるようになった。まちづくりの視点からドイツのまちから学ぶことも多くあり、それらを取り入れて実践していった。特に、5億円の建設費をかけて長湯温泉療養文化館「御前湯」の建設を行い、1998年に開業したが、開業から2011年までの入浴者数の累計は163万7000人に達している。入浴料の合計は7億円におよび、観光客数の増加は経済波及効果を及ぼしている。外湯文化や湯治場としての歴史があることに加え、後述する制度面の充実で宿泊客数の増加やそれに伴う観光客数の増加が地域に貢献している。

そこで、実際に小さな温泉町に多くの観光客が来ているがこの大分県全体との長湯温泉の特徴を比較し、また、観光客による経済波及効果について分析する。

4．分析概要

（1）分析の目的

長湯温泉の観光客の増大に関する事例紹介の専門文献や論文は少しあるが、その観光客の消費が長湯温泉のある直入地区や竹田市にどのような経済波及効果をもたらしているかを数値として捉えられていない。

そこで、ここでは、市等の支援をえて、長湯温泉の観光客による地域（竹田市）への経済波及効果を推計する。小さな温泉地の交流人口拡大の取り組みを数字としてとらえる。

（2）分析の内容

まず、2011 年の長湯温泉の「旅行客・観光客の消費額」を求める。

その後に、大分県統計調査課「平成 17 年（2005 年）大分県産業連関表」を用いて産業連関分析を行い、観光客の消費がもたらす地元への経済波及効果の推計を行う。

1）テーマ：長湯温泉の観光客による経済波及効果

2）分析方法

2005 年（平成 17 年）大分県産業連関表を使い、2011 年の長湯温泉の観光客による消費効果の経済波及効果を算出する。

3）使用データ

① 2011 年の長湯温泉の観光客数（竹田市観光統計）。

② 2011 年「御前湯」入浴者数。

③ 2011 年「御前湯」収支計算書。

④ 2013 年 9 月「御前湯」でのアンケート調査データ。

⑤ 2012 年度の竹田市「花水月」の土産物の販売高内訳リスト（「御前湯」を含め周辺の土産物店でのデータ収集が困難なため同じような条件の「花水月」のデータで代用する）。

4）推計方法

長湯温泉における旅行客・観光客の消費額は、2011 年 1 年間の旅行者数・観光者数に一人 1 回の消費単価を乗じることで求める。

5）推計の対象

推計の対象は次の通りとする。

①宿泊客

長湯温泉の宿泊施設に宿泊した者。旅行自体の目的は問わないため、観光以外の宿泊客も含む。

②日帰り客

長湯温泉を訪れた者のうち、宿泊を行わなかったもの。

このように本書では、観光目的以外の旅客も推計の対象としている。その理由は、観光客・宿泊客の旅行目的を把握するのが困難であること、また、宿泊、飲食、および交通等、旅行・観光に関係する産業にとって、観光客とそれ以外の客を区別することの意義は大きくないと考えるからである。

6）観光消費額の推計

消費額については、長湯温泉「御前湯」でのアンケート調査及び竹田市「花水月」の土産物物販明細リストを、竹田市の協力のもと入手し、分析して土産物の内訳を確定し、それぞれの単価に推計観光客数を乗じることで観光消費額を求める。

5．観光消費額の一人当たり単価の推計

観光客一人当たりの消費額単価を推計する。

（1）長湯温泉の観光客数

2011 年の長湯温泉観光客数は竹田市の観光統計の数値を利用する。

1）日帰り観光客数　　　　　60 万 7063 人

2）宿泊客数　　　　　　　　11 万 7002 人

3）日帰り観光客のうち「御前湯」入浴者数　8 万 6612 人

4）「御前湯」以外の外湯に入る観光客数：竹田市によると約 25 万人（2013 年 1 月竹田市ヒアリングより、竹田市推計）

（2）アンケート分析

アンケートの合計から飲食費と土産物費の合計を出して、一人当たりの消費単価を求める。アンケートでは「一人当たり」の消費額という設問のため、単価は実際財布からお金を払う財布の数ではなく、人数で算出する。入浴料は下記の観光消費額に含めず別途算出する。

アンケートによる合計金額は、1）飲食費計9万7500円、2）土産費計6万5000円となり、これらの数字を133人で割ると、①飲食費一人当たり733.08円、②土産物費一人当たり488.72円となる。

（3）花水月の物販販売情報から土産物を分類

土産物の内容を分析するために、土産物店の売り上げ上位の商品の金額から各土産物が土産物全体に占める比率を求めて、土産物の商品ごとの販売額を算出する。

6．観光客の消費がもたらす経済波及効果

（1）産業連関表による経済波及効果の流れ

（ステップ1）

①最終需要（消費、投資等）が発生する。

②最終需要をまかなうための生産が誘発される（直接効果）。

（ステップ2）

③②の生産に必要な原材料等が生産され、生産が生産をよんで誘発される。

市内（今回は竹田市の産業連関表がないため、大分県の産業連関表を活用し読み替えている）の各産業の生産が誘発される（第1次間接波及効果）。

（ステップ3）

④生産の誘発（②と③）により、新たな雇用者所得が生じる。

⑤④で生じた雇用者所得から新たな消費が発生し、そこからさらに生産が誘発される（第2次間接波及効果）。

つまり、

経済波及効果＝直接効果＋第１次間接波及効果＋第２次間接波及効果

という式が成り立つ。

（２）産業連関表による経済波及効果分析の注意点

①「大分県の産業連関表」を「竹田市の産業連関表」とみなす

竹田市の産業連関表がないため、大分県の産業連関表を竹田市の産業連関表の近似とみなし活用する。その根拠として、大分県自体が温泉を中心とする観光県であり、竹田市も長湯温泉をはじめ多くの温泉地を抱えており、温泉地や旅館にかかわる産業は共通部分が多くあると思われるからである。ただし、竹田市は内陸部にあり、海がないためたとえば漁業に関する数値には考慮が必要となる。

②分析結果

分析者によって分析の前提条件・方法などが異なるため、同じ産業連関表を使っても分析効果が異なる場合がある。本稿の観光消費額に関しては、長湯温泉「御前湯」におけるアンケートに基づき、ほかのデータも参考にしながら観光消費額を算出している。

③線形比例

需要量が倍になれば、原材料投入額も２倍になるという「線形比例」を仮定しているため、規模の経済性は考慮しない。また、「線形比例」であることから、各部門が生産活動を個別に行った和は、それらの部門が同時に行った時の総和に等しくなる。

④制約条件

生産を行う上での制約条件はないものとする。需要増加に市内（本書では）の原材料調達が行えず、移輸入により増産に対応するようなことは考えず、移輸入率が一定のもとで十分に増産に対応できるものとする。

④生産波及

生産波及は、途中段階で中断することなく、最後まで波及するものとする。たとえば、在庫の取り崩しではなく、新規の生産で対応するものとする。

⑤時間の概念

一般的に産業連関のモデルには時間の概念がないため、経済波及効果の達成時期は長期といえる。すべての取引が終了した総計を計算している。

⑥経済情勢の変化は反映されない

分析に使用する大分県産業連関表は、平成 17（2005）年時点の物であり、当時の経済情報をもとに作成されている。その後の経済情勢の変化は反映されていない。

7．観光消費額の算出結果

上記の計算方法、推計により長湯温泉の観光消費額を算出した。

ただし、交通費に関しては、長湯温泉周辺には JR 駅がなく、高速道路も通っていないため県道等を走行することになるが、長湯温泉周辺のガソリンは高いことが知られており、ほぼ給油をしないことが分かったため、経済効果がないとみて数字からは除外している。

（1）長湯温泉の観光消費額の計算結果

観光消費額算出の結果、観光消費額の合計金額は 26 億 3277 万 9000 円である。

日帰り観光客 60 万 7063 人と宿泊客 11 万 7002 人との合計 72 万 4065 人で割ると、一人当たりの消費額が 3636 円となる。

1）日帰り観光客にかかわる項目

日帰り観光客に関わる消費額は次のとおりである。「飲食費」は 4 億 4498 万円、「農産物」は 9636 万 1000 円、「農産加工品」は 3723 万 9000 円、「菓子類」は 8921 万 7000 円、「弁当・飲料」は 5375 万円、「医薬品・化粧品」は 72 万 8000 円、「玩具・文具」は 323 万 5000 円、「カミソリ」は 246 万 4000 円、「菓子類（市外製造）」は 1365 万 8000 円で、合計 7 億 4163 万 2000 円となる。

2）宿泊観光客にかかわる項目

宿泊観光客に関わる消費額は次のようになる。「宿泊費」は 14 億 2178 万 4000 円、「飲食費」は 2 億 2729 万 1000 円、「農産物」は 2242 万 5000 円、「農産加工品」は 1751 万 4000 円、「菓子類」は 4591 万 5000 円、「弁当・飲料他」は 2061

万 7000 円、「医薬品・化粧品」は 35 万 7000 円、「玩具・文具」は 124 万 1000 円、「カミソリ」は 95 万円、「菓子類（市外製造）」は 702 万 9000 円で、合計 17 億 6512 万 3000 円となった。

3）全観光客に関わる項目

全体に関わる消費として、「一般入浴料（施設使用料）」は 1 億 1652 万 1000 円、「家族風呂入浴料」は 746 万 4000 円、「貸しバスタオル」は 63 万 7000 円、タオル販売 140 万 2000 円、となる。

【表10－5】観光消費額の計算結果

（単位：千円）

	費目	日帰り客	宿泊客	全体に関わる項目	合計
宿泊費		0	1,421,784		1,421,784
交通費		0	0		0
飲食費		444,980	227,291		672,271
土産代	農産物	96,361	22,425		118,786
	農産加工品	37,239	17,514		54,753
	菓子類	89,217	45,915		135,132
	お弁当飲料他	53,750	20,617		74,367
	医薬品化粧品	728	357		1,085
	玩具・文具など	3,235	1,241		4,476
	カミソリ	2,464	950		3,414
	菓子類（市外製造）	13,658	7,029		20,687
	小計				0
入場料	温泉施設使用料			116,521	116,521
	家族風呂使用料			7,464	7,464
					0
その他	貸しバスタオル			637	637
	タオル販売			1,402	1,402

出所：各種データより筆者算出

（2）産業連関表部門別消費額の算出（産業の振り分け（格付け））

上記の観光消費の各金額および部門細目を産業連関表の産業部門に振り分け（格付けという）すると次のようになる。

「宿泊費」は「宿泊費」となる。

「飲食費」は「飲食店」となる。

また、土産物のうち

「農産物」は「農業」、

「農産加工品」は「飲食料品」、

「菓子類」は「飲食料品」、

「弁当・飲料」は「飲食料品」、

「医薬品化粧品」は「化学製品」、

「玩具・文具」などは「その他製造工業品製品」、

「カミソリ」は「金属製品」、

「菓子類（市外製造のマージン分のみ）」は「商業」に、

それぞれ格付けをした。

また、「一般入浴料（温泉施設使用料）」は「その他の対個人サービス」とする。

「家族風呂使用料」も「その他の対個人サービス」に格付けする。

「貸しバスタオル」は「対事業所サービス」、「タオル販売」は「繊維製品」に格付けする。

【表10－6】観光消費の産業格付け

費用	細目	産業連関表の産業部門
宿泊費		宿泊費
交通費		
飲食費		飲食店
土産代	農産物	農業
	農産加工品	飲食料品
	菓子類	飲食料品
	お弁当飲料他	飲食料品
	医薬品化粧品	化学製品
	玩具・文具など	その他製造工業製品
	カミソリ	金属製品
	菓子類（市外製造）	商業
	小計	
入場料	温泉施設使用料	その他の対個人サービス
	家族風呂使用料	その他の対個人サービス
その他	貸しバスタオル	対事業所サービス
	タオル販売	繊維製品

出所：筆者作成

（3）産業部門の数字算出

上記（1）（2）より出てきた観光消費額を産業部門ごとに割り振りして合計すると、「宿泊費」は14億2178万4000円、
「飲食店」は6億7227万1000円、
「農業」は1億1878万6000円、
「飲食料品」（合計）は2億6425万2000円、
「化学製品」は108万5000円、
「その他製造工業製品」は447万6000円、
「金属製品」は341万4000円、

「商業」（市外製造した菓子類のマージン分）は2068万7000円、
「その他の対個人サービス」（合計）は1億2398万5000円、
「対事業所サービス」は63万7000円、
「繊維製品」は140万2000円となり、
合計26億3277万9000円となる。

【表10－7】観光消費額の産業部門別合計

（単位：千円）

産業連関表の産業部門	日帰り客	宿泊客	全体に関わる項目	合計
宿泊費	0	1,421,784		1,421,784
	0	0		0
飲食店	444,980	227,291		672,271
農業	96,361	22,425		118,786
飲食料品	37,239	17,514		54,753
飲食料品	89,217	45,915		135,132
飲食料品	53,750	20,617		74,367
飲食料品計	180,206	84,046		264,252
化学製品	728	357		1,085
その他製造工業製品	3,235	1,241		4,476
金属製品	2,464	950		3,414
商業	13,658	7,029		20,687
その他の対個人サービス			116,521	116,521
その他の対個人サービス			7,464	7,464
個人サービス計			123,985	123,985
対事業所サービス			637	637
繊維製品			1,402	1,402

出所：各種データより筆者作成

8．観光による経済波及効果の推計結果

（1）推計結果の総括

産業連関分析の結果、長湯温泉の観光客の消費がもたらす経済波及効果の生産誘発額[注2]は、総額で39億5446万9000円となる。

内訳をみると、

1）直接効果は24億7660万8000円、

2）生産の波及から生じる第1次間接波及効果は8億7759万2000円、

3）家計部門から生じる第2次波及効果は6億26万9000円となる。

なお、総合効果が直接効果の何倍であるかを示す波及倍率は、1.60倍である。

また、生産誘発額のうち、新たに生み出された粗付加価値[注3]の額である粗付加価値誘発額[注4]は、22億1076万2000円となる。内訳をみると、直接効果が13億1230万3000円、第1次間接波及効果が5億408万8000円、第2次間接波及効果が3億9437万1000円である。

粗付加価値誘発額のうち雇用者の所得として分配された額である雇用者所得誘発額[注5]は11億2868万9000円となる。内訳は、直接効果が7億3643万9000円、第1次間接波及効果が2億3648万5000円、第2次間接波及効果が1億5576万5000円となる。

直接効果をまかなうために直接・間接に誘発された従業者数である従業誘発者数[注6]は、570人となる。内訳は直接効果が424人、第1次間接波及効果が91人、第2次間接波及効果が55人である。

1）直接効果（市内産業への需要）

直接効果は、①生産誘発額は24億7660万8000円（うち粗付加価値誘発額は13億1230万3000円、うち雇用者所得誘発額は7億3643万9000円）、となり、②従業員誘発者数は424人となる。

2）第1次間接波及効果

第1次間接波及効果は、①生産誘発額は8億7759万2000円（うち粗付加価値誘発額は5億408万8000円、うち雇用者所得誘発額は2億3648万5000円）、と

なり、②従業員誘発者数は91人となる

3）第2次間接波及効果

第2次間接波及効果は、①生産誘発額は6億26万9000円（うち粗付加価値誘発額は3億9437万1000円、うち雇用者所得誘発額は1億5576万5000円）となり、②従業員誘発者数は55人となる。

4）経済波及効果（直接効果＋第一次間接波及効果＋第二次波及効果）

まとめると、経済波及効果は、①生産誘発額は39億5446万9000円（直接効果に対する波及倍率　約1.60倍）となる（うち粗付加価値誘発額は22億1076万2000円、 うち雇用者所得誘発額　11億2868万9000円）。そして、②従業員誘発者数は570人となる。

【表10－8】経済波及効果の分析結果

分析結果　（単位：千円、人、倍）

区分		生産誘発額	うち粗付加価値誘発額	うち雇用者所得誘発額	従業誘発者数	うち雇用誘発者数
総合効果		3,954,469	2,210,762	1,128,689	570	416
	直接効果(県内需要額)	2,476,608	1,312,303	736,439	424	318
	第1次間接波及効果	877,592	504,088	236,485	91	58
	第2次間接波及効果	600,269	394,371	155,765	55	40
県内需要額に対する波及倍率		1.60	※四捨五入の関係で内訳と合計が一致しない場合がある。			

出所：産業連関表分析より筆者作成

（2）分析結果からの考察

1）竹田市の産業構造

竹田市の人口は、竹田市統計によると2010年の地区別人口で、竹田市は2万5113人で、長湯地区は1742人である。長湯地区の人口は竹田市の5.3％を占めている。その長湯地区にある長湯温泉に来る観光客による観光消費額は総額26

億3277万9000円（第X章7節3項より）で長湯地区の人口一人当たりの平均消費金額は、151万1354円となる。

長湯温泉の観光客の経済波及効果による生産誘発額39億5400万円が竹田市の総生産額に占める比率を比較してみる（大分県［2010］、単位は竹田市内総生産額が100万円であるため合わせている）。ただし、大分県［2010］の大分県市町村経済計算結果表による数値を、産業連関表の部門分類に組み替えて比較しているが、産業連関表と市町村経済計算は推計方法が異なるため参考としての比較である。

前提として、産業連関表の部門分類で、竹田市あるいは長湯温泉のある直入には漁港がないため「漁業」（水産業）は考慮する必要がある。「電気ガス水道」には産業連関表の「産業廃棄物」が含まれるためこれも考慮する必要がある。

観光客の消費がもたらす生産誘発額（39億5400万円）は竹田市の総生産額の5.3％を占めており、部門別で総生産額に占める率が一番高いのは15.5％を占めるサービス部門である。先述の「漁業」と「電気ガス水道」「金融保険」を除くと、「製造業」や「運輸」「商業」に市内総生産の占める割合が大きくなっている。

大分県［2010］によれば、竹田市においては第1次産業の総生産は2003年に104億4200万円あったが、2010年には95億円まで減少しており、また、第2次産業の総生産は2003年には165億4300万円あったが、2010年には88億9600万円まで激減し、第3次産業だけが2003年の602億8900万円から2010年は565億1500万円までの微減で推移している。

竹田市の厳しい経済状況にとって観光関連産業を含むサービス産業が重要であるといえる。

2）日帰り観光客と宿泊客の観光消費額と経済波及効果の比較

ここで日帰り観光客と宿泊客に分けて経済波及効果を推計してみる。

2011年の日帰り客は60万7063人で、観光消費額総額は8億4724万円である。宿泊客は11万7002人で、その観光消費額合計は17億8553万9000円となる。それぞれの一人あたりの観光消費額を算出すると、日帰り客は1396円、宿泊客は1万5261円となる。つまり、宿泊客は日帰り客の10.9倍を消費していることになる。

また、一人当たりの生産誘発額の観光客一人当たりの数値は、日帰り観光客は生産誘発額11億2977万4000円を60万7063人で割ると1861円となり、宿泊客は28億764万1000円を11万7002人で割ると2万3997円となる。

そして、観光消費額と生産誘発額を比べると日帰り観光客一人当たり1396円の消費額から1861円の生産誘発額が生みだされるので、1.33倍の数値になった。宿泊客でみると一人当たり1万5261円の消費額からが2万3997円の生産誘発額が生み出されるので1.57倍となった。

また、最終需要額のうち直接効果（県内需要額、ただし本書では市内最終需要額とみなす）に対する最終的な総合生産誘発額の比率をみると、日帰り観光客の直接効果（本書では市内最終需要額とみなす）は7億3742万9000円で総合生産誘発額は11億2977万4000円となり1.53倍になっている。同様に宿泊観光客でみると直接効果（市内需要額）は17億3917万9000円で総合生産誘発額は28億764万1000円となり、市内需要額に対する波及倍率は1.61倍となっている。

つまり、観光地においては、その消費額だけでなく、そこから派生する生産誘致額を考えると宿泊観光客を増やすことが重要であるといえる。その点では、竹田市の温泉療養保健システムは的を得ており、延泊を増やすには必要な取り組みといえる。

しかしながら、日帰り観光客は消費単価や一人当たりの経済波及効果は大きくないとはいえ、長湯温泉における日帰り観光客の生産誘発額は全体の28.7％を占めると推計され、人数が多くなると大きな経済波及効果を及ぼすため、観光による交流人口の増大にとっては重要である。

【表10－9】宿泊客のみあるいは日帰り観光客のみの経済波及効果（試算）

試算１．宿泊客のみの観光消費による経済波及効果

当初設定　（単位：千円）

最終需要額	1,785,539
うち県内最終需要額	1,739,179
消費転換率(＝平均消費性向)	0.684

（使用データ：平成22年大分市家計調査年報）

分析結果　……(a)　（単位：千円、人、倍）

区分		生産誘発額			従業誘発者数	
			うち粗付加価値誘発額			うち雇用誘発者数
				うち雇用者所得誘発額		
総合効果		2,807,641	1,557,161	823,525	374	290
	直接効果(県内需要額)	1,739,179	906,901	539,205	270	219
	第１次間接波及効果	641,256	369,589	173,463	65	42
	第２次間接波及効果	427,207	280,671	110,857	39	29
県内需要額に対する波及倍率		1.61				

※四捨五入の関係で内訳が合計と一致しない場合があります。

試算２．日帰り観光客のみによる経済波及効果

当初設定　（単位：千円）

最終需要額	847,240
うち県内最終需要額	737,429
消費転換率(＝平均消費性向)	0.684

（使用データ：平成22年大分市家計調査年報）

分析結果　……(a)　（単位：千円、人、倍）

区分		生産誘発額			従業誘発者数	
			うち粗付加価値誘発額			うち雇用誘発者数
				うち雇用者所得誘発額		
総合効果		1,129,774	642,397	300,739	194	125
	直接効果(県内需要額)	737,429	405,402	197,233	153	99
	第１次間接波及効果	236,336	134,499	63,022	26	16
	第２次間接波及効果	156,010	102,497	40,483	14	10
県内需要額に対する波及倍率		1.53				

※四捨五入の関係で内訳が合計と一致しない場合があります。

出所：産業連関分析より筆者作成

【表10－10】生産誘発額が竹田市内総生産に占める割合

（単位百万円）

		部門分類	生産誘発額 2011年	竹田市総生産額 2010年	割合（%）
第１次産業	1	農業	103	8,827	1.2
	2	林業	3	646	0.5
	3	漁業	9	27	33.3
第２次産業	4	鉱業	0	0	0.0
	5	製造業	206	1,504	13.7
	6	建設	21	7,392	0.3
第３次産業	7	電気ガス水道	110	802	13.7
	8	商業	397	5,689	7.0
	9	金融保険	141	1,816	7.8
	10	不動産	161	9,583	1.7
	11	運輸	179	2,533	7.1
	12	情報通信	76	2,805	2.7
	13	公務	7	17,018	0.0
	14	サービス	2,529	16,269	15.5
	15	分類不明	13	0	0.0
		合計	3,955	74,911	5.3

＜参考＞

直入地区人口 2010年	竹田市人口 2010年	
1742	2万5113	6.9

出所：産業連関分析より筆者作成

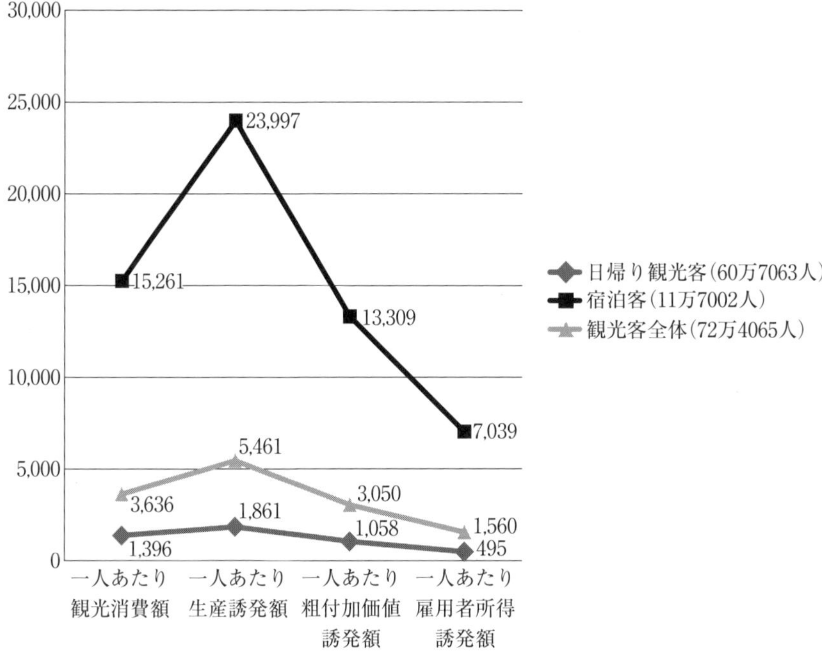

【図10－8】観光消費額および経済波及効果の一人当たりの数値
出所：分析結果より筆者作成

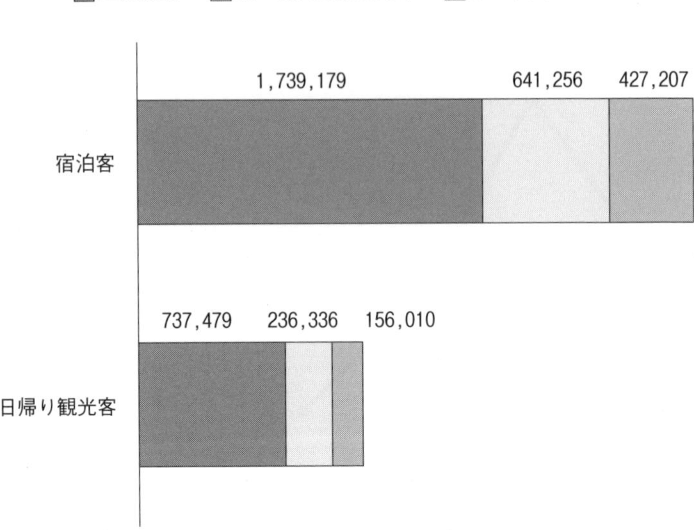

【図10－９】宿泊客と日帰り観光客の生産誘発額総合効果（試算）（単位：円）
出所：筆者作成

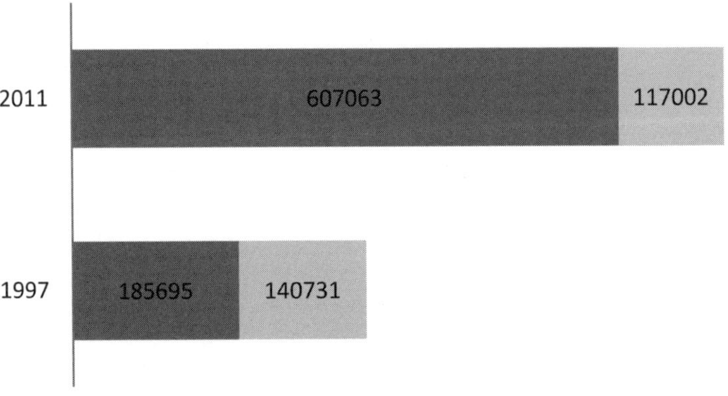

【図10－10】1997年（御前湯開業前年）と2011年の長湯温泉の観光客数の比較（単位：人）
出所：竹田市［2013b］

9．観光消費額算出の過程で把握できた長湯温泉の強み

（1）中間投入が少なく高付加価値を生む温泉環境

大分県［2012］によれば、温泉の源泉には「自噴泉」と「動力泉」があり長湯温泉の温泉はほとんどが「自噴泉」である。御前湯のヒアリングによると最近は圧力が少し低下しているが、最盛期には約15メートルの高さまで噴出しており、ポンプで源泉から吸い上げる燃料や温泉を温める経費が他の温泉地と比べるとかからない環境に恵まれている。

つまり、通常は自然湧出の源泉をタンクにためてポンプで吸い上げて各施設に送るか、または、源泉から出たお湯を施設に誘導する形になる。長湯の温泉は自然湧出で温度も高く、ポンプの燃料代がかからない。

大分県［2012］によると、すでに利用している源泉の数は、例えば別府市は自噴泉が350に対して動力泉が1398と動力泉が約4倍となっている。長湯温泉のある竹田市は自噴泉44に対して動力泉は36ある。竹田市の源泉数は少ないが、1分間当たりの湧出量になると自噴泉は4551リットルあり、動力泉の1749リットルの2.6倍の湧出量がある。ちなみに別府市は自噴泉の湧出量が1万9591リットルで動力泉は6万7657リットルとなり自噴泉の湧出量は動力泉の約3割である。

温泉における「燃料代」という中間投入がほとんどなく、源泉かけ流しの「高付加価値化」が実現できていることになる。

（2）過疎地における観光の有効性

大きな産業が農業と温泉関連しかない長湯温泉のある直入町は過疎化により人口は減少しているが、昔から交通の便が悪く隠れた湯治場としてひっそりと息づいてきた環境が今、評価されおり安定した人気がある。旅館数も17軒しかなく、しかも定員稼働率が年間通して旅館の全国平均を大きく上回る6割近い数字を挙げており、上記の燃料費が他の温泉地よりかからない点も含めて、旅館経営が非常に安定しており、ほとんどの旅館で若手の経営者への経営移譲が進んでいる。その中で、「温泉療養保健システム」をはじめ新しい取り組みを積極的に始めて

おり、地域としては雇用確保にも役立っている。

竹田市の市民課の2010年の地区別人口によると長湯地区の人口は1742人、709世帯、男817人、女925名で、前年からの減少数は世帯で1世帯、男1人、女10人となっている。自然動態あるいは社会動態の別は明記されていないが、竹田市全体で1.6％の減少率に比べると、長湯は0.6％となっており人口減少率は低いといえる。

10. まとめ

本章では、ヘルス・ツーリズムを活用する構造転換による旅館再生や地域活性化についてさらに考察した。

（1）竹田市における外湯「御前湯」政策の経済効果

産業連関分析の結果、長湯温泉の観光客の消費がもたらす経済波及効果の生産誘発額は、総額で39億5446万9000円。(2011年)

1）直接効果は24億7660万8000円、

2）生産の波及から生じる第1次間接波及効果は8億7759万2000円、

3）家計部門から生じる第2次波及効果は6億26万9000円、

4）波及倍率は、1.60倍、

5）粗付加価値誘発額は、22億1076万2000円、

6）雇用者所得誘発額は11億2868万9000円、

7）従業誘発者数[注6]は、570人、

となった。公共交通の通らない人口1742人のまちとしては驚異的な数値といえる。

（2）竹田市現代版湯治「温泉療養保健システム」の効果

A．コスト

（1）観光客が対象の宿泊施設に3泊以上宿泊した場合に、1泊につき500円サポートするシステム。給付金額は総額168万円。

B．ベネフィット

（1）3つのフェーズで543名がこの制度を利用。

（2）延べ2877泊、平均5.3泊の宿泊をした。観光白書（2012）の平均宿泊数より3日以上伸びており、対費用・投資効果は非常に大きい。

（3）長湯温泉の代表的な旅館5施設の2013年10月現在の「標準的宿泊料金」を平均する。1万2152円（長湯温泉の経済波及効果算出にも使用）。

（4）直接効果（宿泊費のみ）＝3500万円近く増加

①全員が新規の宿泊者の場合、

543人×1万2152円×5.3日＝3497万2241円、

②全員が今までの客で宿泊日数が3.2日伸びた場合、

543人×1万2152円×（5.3日－2.1日）＝2111万5315円、

宿泊費の総額が増加。宿泊費用だけで2112万円～3497万円の間の値で消費が増加。

（5）竹田市温泉療養保健システムの2011年度の経済波及効果は約6000万円。

さらに産業連関分析の結果、竹田市温泉療養保健システムの効果がもたらす経済波及効果の生産誘発額は、総額で5975万6000円。（全員が新規の宿泊者の場合）

1）直接効果は3654万7000円、

2）生産の波及から生じる第1次間接波及効果は1372万5000円、

3）家計部門から生じる第2次波及効果は948万4000円、

4）波及倍率は、1.64倍、

5）粗付加価値誘発額は、3319万1000円、

6）雇用者所得誘発額は1783万3000円、

7）従業誘発者数は、8人、

非常に大きな経済波及効果をもたらしている。

実施年度	申請者数	宿泊総数	平均	給付金額
2011年度	543人	2877泊	5.3泊	168万100円（温泉施設利用も含む金額）

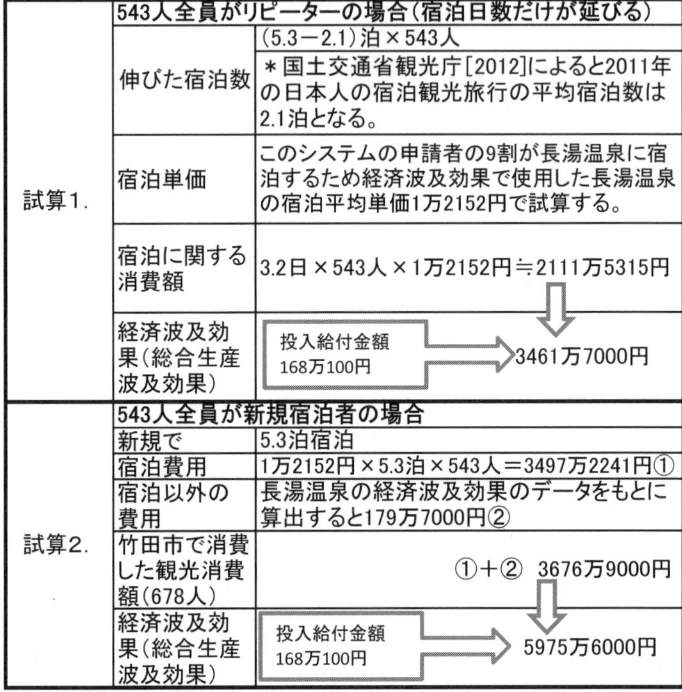

試算1.	543人全員がリピーターの場合（宿泊日数だけが延びる）	
	伸びた宿泊数	（5.3－2.1）泊×543人 ＊国土交通省観光庁[2012]によると2011年の日本人の宿泊観光旅行の平均宿泊数は2.1泊となる。
	宿泊単価	このシステムの申請者の9割が長湯温泉に宿泊するため経済波及効果で使用した長湯温泉の宿泊平均単価1万2152円で試算する。
	宿泊に関する消費額	3.2日×543人×1万2152円≒2111万5315円
	経済波及効果（総合生産波及効果）	投入給付金額 168万100円 ⇒ 3461万7000円
試算2.	543人全員が新規宿泊者の場合	
	新規で	5.3泊宿泊
	宿泊費用	1万2152円×5.3泊×543人＝3497万2241円①
	宿泊以外の費用	長湯温泉の経済波及効果のデータをもとに算出すると179万7000円②
	竹田市で消費した観光消費額（678人）	①＋②　3676万9000円
	経済波及効果（総合生産波及効果）	投入給付金額 168万100円 ⇒ 5975万6000円

【図10－11】竹田市温泉療養保健システムの経済波及効果試算
出所：筆者作成

［第Ⅹ章の注］

（注1）需要サークル（demand circle）

ラブロック［2008］によれば、需要サークルとは、あるサービスに対する需要レベルが、予想可能な上下を繰り返すときの周期をいう。

（注2）生産誘発額

最終需要から誘発されたすべての生産額をいう。直接効果と第1次間接波及効果、第2次間接波及効果の計となる（大分県［2013］）。

（注3）粗付加価値

生産活動によって新たに付け加えられた価値をいう。また中間投入に粗付加価値を加えたものが県内生産額となる（同上）。

（注４）粗付加価値誘発額

生産誘発額に粗付加価値率を乗じたものである。なお、粗付加価値率は、粗付加価値を県内生産額で割ったものである（同上）。

（注５）雇用者所得誘発額

生産誘発額に雇用者所得率を乗じたものである。なお、雇用者所得率は、雇用者所得を県内生産額で割ったものである（同上）。

（注６）従業誘発者数

生産誘発額に従業員係数を乗じたものである。なお、従業員係数は、従業員総数を県内総生産で割ったものである（同上）。

おわりに

【1】本書は、経済・経営的立場から、ヘルス／メディカル・ツーリズムにより、地域振興の可能性を検討したものである。

ヘルス／メディカル・ツーリズムとは、新しい概念であるが、世界的にみても最近急速に成長する分野であり、観光地の活性化を促す可能性がある。

【2】日本は、少子高齢化社会が始まり、地域活性化が焦眉の急である。観光は交流人口の拡大を図る一つの重要な要素として期待されている。2008年には国土交通省の外局として「観光庁」が設置され、2010年には「新成長戦略」が閣議決定された。その「日本の強みを生かす成長分野」の7つの柱の中心に「健康（医療・介護含む）」分野がある。このようなことから「観光」と「健康」をあわせた「ヘルス・ツーリズム」、そして関連概念の「観光」と「医療」をあわせた「メディカル・ツーリズム」の振興が日本再生のかぎといっても過言ではない。

このような、観光における健康の重要性を第Ⅰ章、第Ⅱ章であきらかにした。

第Ⅰ章では、観光の定義と観光と健康の関わりについて、時代とともに変わってきた健康に関する考え方と、日本の伝統ともいうべき湯治が見直されていることを述べた。さらに2020年までに、新成長戦略に書かれている7つの分野のうち「健康」分野で新規市場50兆円、「観光」分野で11兆円を創出することになっており、まさに健康系ツーリズムは国策となっている。

第Ⅱ章では、ヘルス・ツーリズムの概念を説明した。ヘルス・ツーリズムが包含されるニューツーリズムという考え方が浸透してきており、渡邊［2009］によると、ニューツーリズムは旅行者の大きな価値観の変化と個人を中心とした同じ価値観を持つ少人数による観光の2つがニューツーリズムの条件となる。またその消費特性は「非飽和性」が高く、他の観光地との「共存関係」を保ちながら差別化ができる。つまり、ニューツーリズムのなかのヘルス・ツーリズムはリピーターになりやすく、一度気に入ると他へは移らず口コミを介してのネットワークが期待できるため、交流人口の増加や地域活性化に力を発揮することを述べた。

【3】次に観光における医療の重要性を第Ⅲ章であきらかにした。

世界的にみると、メディカル・ツーリズムが非常に急速に拡大している。とくに現在、海外では「メディカル・ツーリズム」がアジアで勃興しており、いくつかの国では成長産業の一角を占めるまでになってきている。メディカル・ツーリストの数は、2008年の時点で、世界で500万人とも600万人ともいわれている（市川［2010］）。

本書では「メディカル・ツーリズムのアジアにおけるモデル」として、世界的にトップレベルに到達し成功しているタイの成功要因をモデル化した。

「タイモデル」（＝拡張ダイヤモンド・モデル）については、

①需要・市場要因＝9.11事件の影響、

②前段階産業要因（スパ等）、

③ホスピタリティ文化要因、

を明らかにした。特に②③を、マイケル・ポーターの4要因のダイヤモンド・モデルに追加し、6要因モデルとして拡張した。また、韓国は日本とほぼ同じ医療保険制度があるが、政策的にメディカル・ツーリズムを推進することで医療の活性化をはかっている。

総括すると、このように、日本には「温泉」「湯治」という保養や療養、あるいは一部医療の歴史伝統があるにもかかわらず、それらはまだ、旅館の再生や温泉地の活性化に大きく役立ってない。現実問題として、旅館数は年々減少し、温泉地や観光地が寂れて行っている。

【4】第Ⅳ章で、ふたたびタイを参考にすると、伝統的なマッサージ産業からスパ産業、総合的なヘルス・ツーリズムへと飛躍をとげ、世界的な観光大国となっているが、その根底には、業界の構造転換と高付加価値化戦略があることを明らかにした。

すなわち、日本の温泉と同じように古くから人々に親しまれてきたタイ・マッサージが歴史の変遷の中で高付加価値化してスパ産業となり、広告代行効果とブランド拡大効果でメディカル・ツーリズムを支える要素になっていることを示した。形態は異なるがタイ・マッサージからスパへの構造転換に学ぶべき点を探った。

【5】第Ⅴ章では、旅館と温泉の定義を行い、旅館の経営状態を経済経営のスタンスから把握し、どうすれば経営状態が改善されるかを検証した。また、具体的には観光客のニーズの変化に対応することができるか、つまり、潜在力・人気があるのに非効率的な「温泉観光」「旅館部門」の改革・近代化こそが日本の観光再生に必要であることが分かった。

第Ⅵ章では、日本でも、観光の中心にあり、潜在力・人気があるのに非効率性ゆえ衰退しつつある「温泉観光・旅館部門」の改革・高付加価値化がもとめられるが、それには、現在注目されている「ニューツーリズム」の一つで、国策として力を入れる健康・医療にもかかわる狭義の「ヘルス・ツーリズム」が、このような温泉地・温泉旅館業界の構造転換と高付加価値化戦略に非常に有効であることを明らかにした。

【6】まず、第Ⅵ章前半で、ヘルス・ツーリズムの分類論として、国土交通省の「ヘルス・ツーリズムの推進」における各地の事例（ヘルス・ツーリズム研究所［2006］のデータ）の211件を静岡と愛知の間のフォッサマグナを境として東日本（北海道、東北、甲信越、静岡）と西日本（愛知、岐阜、北陸、近畿、中国、四国、九州、沖縄）に分け、「温泉（温泉滞在が主たるもの）」、「学習（健康になる方法を学ぶ）」、「検診（PETや乳がん検診を受ける）」、「タラソテラピー（海洋深層水を利用した自然療法）」、「アレルギー（花粉症等の症状改善）」、「アニマル・セラピー（ドルフィンによるセラピー）」、「森林（森林がベースとなるもの）」、「その他上記の分類に含まれないもの」、次のようなカテゴリーに分類した。

1）すると、日本全体としては、多い順に、「温泉」74件、「学習」24件、「検診」21件、「タラソテラピー」20件、「アレルギー」12件、「森林」10件、「アニマル・セラピー」8件、「その他」42件となった。

2）西日本・東日本とも、「温泉」が1位である。

3）しかし、西日本では、2位「検診」14ヶ所、3位「タラソテラピー」13ヶ所、4位「アレルギー」9ヶ所、5位「アニマル・セラピー」8ヶ所、となっている。

4）東日本では、2位「学習」19ヶ所、3位「タラソテラピー」7ヶ所、4位「検診」7ヶ所、5位「森林」5ヶ所、となっている。

5）結論として、西日本は「温泉」が1位、他に「タラソテラピー」、「アニマル・セラピー」、「アレルギー治療」に特色がある。

6）東日本は、やはり「温泉」が1位、他に「学習」、「森林」に特色がある。

第Ⅶ章では、日本人の観光に対する考え方の変遷やヘルス・ツーリズムへの構造転換の可能性を模索した。ヘルス・ツーリズムを大きく西日本と東日本でその特徴を分類した。その中で、タラソテラピーを事例として取り上げ、観光客を増やすために、すなわち観光地化するためには付加価値をどのようにつければよいかを明らかにした。

【7】そして次に、第Ⅵ章後半、第Ⅶ章、第Ⅷ章、第Ⅸ章で、ヘルス・ツーリズムでの構造転換によるいくつかの温泉地域・旅館の再生に成功した重要な事例がでてきているものに注目し、それを研究した。

1）熊本県天草市の「天草ヘルス・ツーリズム」ウォーキングによる再生と「タラソテラピー」、

2）大分県竹田市－「御前湯」と「温泉療養保健システム」による交流人口の増加と長期滞在化、

3）高知県室戸市の「タラソテラピー」等を研究した。

【8】また、第Ⅵ章後半では、タラソの4つの施設（参考のクアージュゆふいんを含む）の、「①年間利用人員」、「②売上高（基本入浴料のみ）」、「③市民：観光客（市民以外）の比率」、を試算してみると次のようになる。

1）シレストむろとは、①4万2869人（2010年）、②約4000万円、③9：1、

2）ウトコ　ディープシーセラピーセンター＆ホテルは、①約3900人、②約1億3000万円、③宿泊客は基本観光客0：10、

3）スパタラソ天草は、①約25万人、②2億5000万円、③8：2、

4）参考のクアージュゆふいんは、①9万6000人（1999年）、②約4800万円、③8：2、である。

つまり、市民の健康増進のみでは観光客を確保するのは難しく、「高付加価値化」をする必要がある。「スパタラソ・天草」はタラソテラピーのプールと温泉を組み合わせてうまく観光客を誘致している。売上面からみると高級化を図ったウトコ　ディープシーセラピーセンター＆ホテルとスパタラソ・天草が非常に大きいといえる。スパタラソ天草とウトコ　ディープシーセラピーセンター＆ホテ

ルは成功しており、クアージュゆふいんはこれからといえる。これらの分析から、観光地化するためには「高付加価値化」が必要になることがわかった。室戸と天草の例は「高付加価値化」で成功しているといえる。

【9】第Ⅶ章では、ヘルス・ツーリズムによる温泉地・旅館の再生戦略事例として、熊本県天草市の小旅館の事例を取り上げた。ヘルス・ツーリズムの有効性を認識し、旅館における経営指標改善を目指した。少ない投資で、人件費等をかけずに、平日やオフ期に集客をし、営業経費を減らす方法で大幅な経営改善を継続している事例から、旅館における構造転換の有用性を明らかにする。

第Ⅷ章では、ヘルス・ツーリズムによる温泉地の再生事例として大分県竹田市と長湯温泉の事例を取り上げた。長湯温泉はひなびた湯治場として近隣の住民には親しまれてきたが、交通の便が悪いためその温泉の良さを知らしめることができなかった。1987年に泉質が「日本一の炭酸泉」であることが明らかになり、その後「全国炭酸泉シンポジウム」を開いたり、ドイツの温泉地保養地と姉妹提携を結び、しゃれた飲泉場を作りながら環境を整え、1998年に公営の温泉施設「御前湯」を開業させた。急速に観光客が増加した。ひなびた温泉地から炭酸泉の湧くヨーロッパのイメージがある明るい温泉保養地に構造転換することに成功した。そして、増えた観光客を延泊させてリピート化させるために竹田市は公的サポート制度「竹田市温泉療養保健システム」を実施している。

【10】第Ⅸ章でヘルスツーリズムの効果に関する経営的指標による分析、第Ⅹ章で経済効果分析をおこなった。結果は次のとおりである。

●「天草ヘルス・ツーリズム」の「スポーツ型ヘルス・ツーリズム＝ウォーキング」の導入効果

ハードにほとんど投資せず、社員学習で導入でき、コストはおさえているにもかかわらず、多いときで宿泊客数3割増、売上高、利益約2割増を達成。

A．コスト

（1）天草ヘルス・ツーリズム（ウォーキング）を実施するための準備にかかったハード経費は殆ど無い。

（2）人件費想定：女将とアシスタント2名の毎朝2時間の人件費想定＝183万

円。しかし、実際は通常業務の一部としておこなっており特別給与は発生していない。

（3）毎朝2時間ヘルス・ツーリズムに費やすコストに対する投資効率：183万円の投資で2918万円の利益増。人件費をコストとみなしたとしても、ヘルス・ツーリズム開始前の2009年に比べると2011年には2918万円の売り上げが増加したことを考えると、コストパフォーマンスは非常に高いといえる。

（4）リピーター客を直接申込みにすることによる送客手数料の削減：試算上は年間190万円の支払い手数料を減らすことができ、経営改善に役立つことにつながる。

B．ベネフィット

（1）宿泊者客数約3割増。

（2）春の平均稼働率100％。

（3）冬場などオフシーズンの売上増加。

（4）リピート化による営業経費（送客手数料）の軽減効果：リピート率8割で、エージェントを通さず、直接申し込みが1割となり、手数料190万削減。天草ヘルス・ツーリズムを始めてから年間宿泊客の約8割がヘルス・ツーリズム参加者で、その1割が直接申し込みになる。

（5）経営指標モデル＝シミュレーション推定

①「総売上」約3000万円、2割強増加（2918万円増加（22.3％増））。

②「売上原価」は宿泊客が約2割増えたため、2割増。

③「売上総利益」約2.3割増加。

④「販売費及び一般管理費」は、ほとんど増加しない。

⑤「人件費」はヘルス・ツーリズム手法では、ほとんど増加しない。新しい雇用を増やさずに業務の見直しで新しい需要に対応できている。

⑥「営業・管理経費」は、ほとんど増加しない。

オフ期や平日の宿泊客が増えたため平準化ができるようになり経営効率が良くなっている。旅館の需要のサイクルをうまく生かし、空いた時間を有効活用し稼働率をあげている。旅館経営の3つの空閑期、つまり、①1年間の中間期とオフ期、②1週間のうちの平日、③1日のチェックアウトまでの時間と昼間、を活用して新しい需要つまりヘルス・ツーリズムを期待する宿泊客を大幅に増やした。

●竹田市における現代版「湯治概念」推進型＝「長期滞在促進システム＋外湯の整備推進型」によるヘルス・ツーリズムの導入効果

＜１＞竹田市「外湯への投資による温泉地区活性化」の効果

A．コスト

（１）御前湯の建設費は約５億 900 万円。

B．ベネフィット

（１）御前湯ができたことで、観光客の観光消費額は２億 2000 万円増加。

（２）ヘルス・ツーリズム型政策直前の 1997 年には約 33 万人だったが、2006 年には、約 83 万人にまで増加している。御前湯のオープン前の 1997 年に比べて、実に約 50 万人増えた。

（３）年間消費額は、1997 年に比べて約 14 億 4000 万円の増加（2006 年、観光客数が最大になった年）。

（４）竹田市における外湯「御前湯」整備政策経済効果（2011 年）

産業連関分析の結果、長湯温泉の観光客の消費がもたらす経済波及効果の生産誘発額は、総額で 39 億 5446 万 9000 円。

１）直接効果は 24 億 7660 万 8000 円、

２）生産の波及から生じる第１次間接波及効果は８億 7759 万 2000 円、

３）家計部門から生じる第２次波及効果は６億 26 万 9000 円、

４）波及倍率は、1.60 倍、

５）粗付加価値誘発額は、22 億 1076 万 2000 円、

６）雇用者所得誘発額は 11 億 2868 万 9000 円、

７）従業誘発者数（注６）は、570 人、

となった。公共交通の通らない人口 1742 人のまちとしては驚異的な数値といえる。

御前湯を５億で整備し、経済効果が約 40 億あったことになる。

＜２＞竹田市現代版湯治「温泉療養保健システム」の効果

A．コスト

（１）観光客が対象の宿泊施設に３泊以上宿泊した場合に、１泊につき 500 円サポートするシステム。給付金額は総額 168 万円。

B．ベネフィット

（1）３つのフェーズで543名がこの制度を利用。

（2）延べ2877泊、平均5.3泊の宿泊をした。観光白書（2012）の平均宿泊数より３日以上伸びており、対費用・投資効果は非常に大きい。

（3）長湯温泉の代表的な旅館５施設の2013年10月現在の「標準的宿泊料金」を平均すると１万2152円（長湯温泉の経済波及効果算出にも使用）。

（4）直接効果（宿泊費のみ）＝3500万円近く増加

①全員が新規の宿泊者の場合、

543人×１万2152円×5.3日＝3497万2241円、

②全員が今までの客で宿泊日数が3.2日伸びた場合、

543人×１万2152円×（5.3日－2.1日）＝2111万5315円、

宿泊費の総額が増加。宿泊費用だけで2112万円〜3497万円の間の値で消費が増加。

（5）竹田市温泉療養保健システムの2011年度の経済波及効果は約6000万円。

さらに産業連関分析の結果、竹田市温泉療養保健システムの効果がもたらす経済波及効果の生産誘発額は、総額で5975万6000円。（全員が新規の宿泊者の場合）

１）直接効果は3654万7000円、

２）生産の波及から生じる第１次間接波及効果は1372万5000円、

３）家計部門から生じる第２次波及効果は948万4000円、

４）波及倍率は、1.64倍、

５）粗付加価値誘発額は、3319万1000円、

６）雇用者所得誘発額は1783万3000円、

７）従業誘発者数は、８人、

竹田市温泉療養保険システムは、非常に大きな経済波及効果をもたらしている。

●高知県室戸市における「タラソテラピー・ツーリズム」の推進＝「シレストむろと」「ウトコ　ディープシーセラピー＆ホテル」

B．ベネフィット

（1）観光客数　２施設の開園の年2006年には７月開園のため、半期だが前年と比べて総数で２万1716人増。内訳は県内から１万6521人、県外から5195人が増加。

（2）観光客数　開園翌年2007年の室戸市の観光客数は、室戸地域で特に大きなイベントがないにもかかわらず、前年と比べて6万4928人増。内訳は県内から2万8607人、県外から3万6321人増加。

（3）総括すると、ヘルス・ツーリズム政策展開直前の2005年には約18万人だったが、海洋深層水をはじめとしたヘルス・ツーリズム政策を展開し、シレストむろととウトコ　ディープシーセラピー＆ホテルを開設した2006年には約20万人となり、以後2～3割アップがつづき、現在2012年には約53万人の集客に拡大している。

以上、第X章では、これまでの事例から構造転換の可能性と投資効果について述べた。天草の小旅館の投資効果については、旅館の収支計算書から具体的にどの部分が改善されたかを明らかにした。また、長湯温泉、竹田市の事例からは御前湯への投資がその後どのように経済的な効果を及ぼし、「竹田市温泉療法保健システム」が延泊やリピート化の可能性に大きなポテンシャルを持っていることが明らかになった。

また、ヘルス・ツーリズムによる構造転換のパターンを4つに分類した。さらにこまかく構造転換の経済的効果について述べて、長湯温泉の観光客の消費がもたらす経済波及効果を具体的に明らかにした。

本書は筆者の大阪市立大学大学院創造都市研究科後期博士課程修了の博士論文『ヘルス／メディカル・ツーリズムによる観光地構造転換と地域活性化に関する研究―温泉地／旅館の高付加価値化による再生―』（2014年3月）をベースに、同じく創造都市研究科前期博士課程修了の修士論文『アジアにおけるメディカル・ツーリズムの勃興―メディカル・ツーリズムの成立条件とその効果に関する考察―』（2011年3月）を加味してまとめたものである。

【参考文献一覧】

阿岸祐幸［2005］「温泉療養の現代的意義」『第５版温泉療養の手帳』、（社）民間活力開発機構。

天草宝島観光協会［2011］『天草地域の観光客の推移』、天草宝島観光協会。

飯田淳子［2006］『タイ・マッサージの民族誌（タイ式医療生成過程における身体と実践）』、明石書店。

井門隆夫［2003］旅館業を取り巻く環境変化と再生意義」『旅館・ホテル経営の再生と実践』、経済法令研究会。

井口貢［2010］『観光学への扉』、学芸出版社。

泉嗣彦［2005］『医師が勧めるウォーキング』、集英社。

市川智光［2010］「広がるメディカル・ツーリズム“後進国”日本の強みは」『エコノミスト』、７月６日号。

上田裕文［2012］『クアオルトの環境・景観』第２回温泉クアオルト研究会イン湯布市資料。

植村佳代［2010］『ヘルスケア産業の新潮流――進む医療の国際化』、日本政策投資銀行。

内田純一［2009］『観光の地域ブランディング』、学芸出版社。

大分県［2010］『平成22年度大分県市町村民経済計算結果表』、大分県統計調査課。

大分県［2012］『平成23年度温泉利用状況報告書（総括表）』、大分県生活環境企画課。

大分県［2013］「旅行客・観光客の消費がもたらす県内産業への経済波及効果について」、大分県企画振興部・大分大学経済学部。

大分県直入町［2005］『長湯温泉文化本』、直入町役場。

太田実［2009］「ヘルス・ツーリズム」『観光キーワード事典』松蔭大学観光文化研究センター、学陽書房。

岡本伸之［2002］『観光学入門――ポストマスツーリズムの観光学――』、有斐閣。

温泉クアオルト研究会［2012］『第２回温泉クアオルト研究会 in 由布市』資料、温泉クアオルト研究会。

姜淑英［2003］「ヘルス・ツーリズムの理論と実際」『第９回観光に関する学術研究論文入選論文集』、アジア太平洋観光交流センター。

姜淑英［2006］「ヘルス・ツーリズム」『観光の社会心理学』小口隆司編集、北大路書房。

韓国保健産業振興院［2010］『国際シンポジウム――国境を超える患者と病院――』資料。

環境庁［2009］『平成21年度温泉利用状況』、環境庁。

神野正博［2010］「検証：患者集客と医療貢献、病院経営戦略とメディカル・ツーリズム」『新医療』 7 月号、株式会社エム・イー振興協会。

北川宗忠［2008］『観光・旅行用語辞典』、ミネルヴァ書房。

熊本県［2011］『平成 23 年熊本県観光統計表』、熊本県。

経済産業省［2007a］『平成 18 年度タイ・スパ・サービス専門技術者の受け入れに関する調査研究報告書、三井情報株式会社・総合研究所。

経済産業省［2007b］『通商白書 2007』、経済産業省。

経済産業省［2010b］『ホテル・旅館業経営カイゼン寺子屋事業　講義資料』、北海道経済産業局。

国際観光旅館連盟［2013］『国際観光旅館営業状況統計調査（平成 23 年度財務諸表より）』、国際観光旅館連盟

国土交通省観光庁［2010b］『医療観光に関する取り組み』、国土交通省観光庁。

国土交通省観光庁［2012］『平成 24 年版観光白書』、国土交通省観光庁。

小長谷一之他［2012］『地域活性化戦略』、晃洋書房。

篠原菊紀［2005］『ボケない脳をつくる』、集英社。

須田寛［2009］『観光の新しい地域づくり』、学術出版社。

全国旅館生活衛生同業組合連合会［2010］『旅館業界の特性に応じた仕事と生活の調和推進プラン 2010 事業「アンケート調査結果（旅館業）」』、全国旅館生活衛生同業組合連合会。

高橋千枝子［2004］『健康業界ハンドブック』、東洋経済新報社。

竹田市［2006a］『竹田市総合計画「たけた活力創造計画 2006」』、竹田市。

竹田市［2006b］『竹田市観光推進計画』、竹田市。

竹田市［2012］『竹田版政策マニュアル「竹田市新生ビジョン」』、竹田市。

竹田市［2013a］『基礎自治体の挑戦　竹田流現代版湯治文化の構築　竹田市温泉療養保健制度』、竹田市商工観光課。

竹田市［2013b］『竹田市商工観光課観光統計データ』、竹田市。

地域流通経済研究所［2012］『九州新幹線全線開通に伴う宿泊客増加の経済効果』、ニュースリリース。

辻本千春［2011］「メディカル・ツーリズムの成立条件とその効果に関する考察――タイにおけるメディカル・ツーリズム勃興の要素論――」『観光研究』第 23 号。

長湯温泉観光協会［2011］「パンフレット」、長湯温泉観光協会。

日本観光協会［2010］『ヘルス・ツーリズムの手引き――平成 21 年度ヘルス・ツーリズム推進事業報告書――』、日本観光協会。

日本観光振興協会［2012］『平成 23 年度版観光の実態と志向　第 31 回国民の観光に関する動向調査』、日本観光振興協会。

日本政府［2007］『観光立国推進基本計画』、2007年6月閣議決定。
日本生産性本部［2008］『レジャー白書2008』、日本生産性本部。
日本生産性本部［2010］『レジャー白書2010』、日本生産性本部。
日本生産性本部［2012］『レジャー白書2012』、日本生産性本部。
日本政府観光局JNTO［2010］『世界各地・地域への外国人訪問者数（2009年上位40位）』。
野村和也他［2003］『健康ブームを読み解く』、青弓社。
羽生正宗［2011］『ヘルス・ツーリズム概論』、日本評論社。
古橋加奈子［2012］「ヘルス・ツーリズムを顧客満足につなげる8つのステップ」『季刊政策・経営研究2012　Vol. 2』、三菱UFJコンサルティング。
ヘルス・ツーリズム研究所［2006］『ヘルス・ツーリズム推進地一覧』、ヘルス・ツーリズム研究所。
ヘルス・ツーリズム研究所［2007］『ヘルス・ツーリズムの現状と展望』、ヘルス・ツーリズム研究所。
前田勇監修［2006］『観光の社会心理学』、北大路書房。
真野俊樹［2005］『健康マーケティング』、日本評論社。
真野俊樹［2009a］『グローバル化する医療』、岩波書店。
光武幸［2010］『ウェルネスツーリズム』、創風社。
光延文裕［2012］「三朝医療センターでのラドン療法の臨床的知見等について」『ラドン効果研究とその関連研究の成果報告会』、岡山大学大学院石薬学総合研究科老年医学分野、岡山大学病院　三朝医療センター。
山下哲博［2012］「旅館の損益改善に関する取り組み手法の考察」『第27回日本観光研究学会全国大会論文集』、日本観光研究学会。
渡邉公章［2009］「ニューツーリズムが地域を活性化する」『まちづくりと創造都市2――地域再生編』、晃洋書房。
クリストファー・ラブロック［2008］『サービス・マーケティング原理』小宮路雅博（監訳）、白桃書房。
フィリップ・コトラー［2003］『コトラーのホスピタリティー&ツーリズムマーケティング』白井義男（監修）、ピアソン・エデュケーション。
Deloitte［2008］“Medical Tourism : The Asian Chapter 2008”, Deloitte.
IUOTO［1973］, “Health tourism”, United Nations.
Josef Woodman［2008］“メディカル・ツーリズム”（『国境を超える患者たち』（監訳：斉尾武郎）、東京、医薬経済社。
McKinsey［2008］“Mapping the market for medical travel 2008”, McKinsey.

Melanie Smith & Laszlo Puczko [2008] “Health and Wellness Tourism”, Routledge.
Michael.E. Porter [1999]『競争戦略論Ⅰ・Ⅱ』(訳：竹内弘高)、東京、ダイヤモンド社。
Tourism Authority of Thailand (TAT) [2008] “Tourism Statistics 2008”,TAT.

【ホームページ】
天草宝島観光協会　https://www.t-island.jp/p/society/detail/330
有馬温泉観光協会　www.arima-onsen.com/
大分県　http://www.pref.oita.lg.jp/
環境庁　http://www.env.go.jp/
国際スパ協会 ISPA　https://www.abbreviationfinder.org/ja/acronyms/ispa_international-spa-association.html
タイ王国大使館　http://www.thaiembassy.jp/rte1/
タイ国政府観光庁　http://www.thailandtravel.or.jp/
竹田市　https://www.city.taketa.oita.jp/
日本政府観光局 JNTO　http://www.jnto.go.jp/jpn/
NPO 法人ヘルス・ツーリズム推進機構　http://www.npo-healthtourism.or.jp/

【著者略歴】

辻本　千春（つじもと　ちはる）

1953 年　神戸市生まれ

1977 年　関西学院大学経済学部卒業

2011 年　大阪市立大学大学院創造都市研究科前期博士課程修了　修士：都市政策

2014 年　大阪市立大学大学院創造都市研究科後期博士課程修了　博士：創造都市

近畿日本ツーリスト株式会社勤務（1977 年～2008 年、支店、営業本部、海外旅行部、バンコク事務所長で 4 年間駐在など)、成美大学（現福知山公立大学)、大阪観光大学を経て、現在、流通科学大学人間社会学部観光学科　教授、日本観光研究学会理事（IT・広報委員会担当)、日本観光研究学会関西支部幹事、NPO 法人観光推進力ネットワーク関西理事（学連協担当)

【主な著書・共著】

「入門観光学」、ミネルヴァ書房、2018 年

「観光学入門」、晃洋書房、2017 年

「地域創造のための観光マネジメント講座」、学芸出版社、2016 年

「1 からの観光事業論」、碩学社／中央経済社、2016 年

「都市構造と都市政策」、古今書院、2014 年